버전업!

新HSK
VOCA
2500

张近平 저 · 최경아 역

5급

동양북스

新HSK 5급 VOCA 2500

4쇄 발행 | 2019년 1월 25일

지은이 | 张近平
역　자 | 최경아
발행인 | 김태웅
편집장 | 강석기
편　집 | 정지선, 김다정
디자인 | 방혜자, 김효정, 서진희
마케팅 총괄 | 나재승
마케팅 | 서재욱, 김귀찬, 오승수, 조경현, 양수아, 김성준
온라인 마케팅 | 김철영, 양윤모
제　작 | 현대순
총　무 | 김진영, 안서현, 최여진, 강아담
관　리 | 김훈희, 이국희, 김승훈

발행처 | 동양북스
등　록 | 제10-806호(1993년 4월 3일)
주　소 | 서울시 마포구 동교로 22길 12(04030)
전　화 | (02) 337-1737
팩　스 | (02) 334-6624

http://www.dongyangbooks.com

ISBN 978-89-98914-07-3 13720

이 도서의 국립중앙도서관 출판시도서목록(CIP)은 서지정보유통지원시스템 홈페이지(http://seoji.go.kr)와
국가자료공동목록시스템(http://www.nl.go.kr/kolisnet)에서 이용하실 수 있습니다.
(CIP제어번호:CIP2013006057)

自中国国家汉办/孔子学院总部2009年正式推出新汉语水平考试(HSK)以来，这一考试在海内外受到热烈欢迎。现在应试人数越来越多，对汉语国际推广工作起到了积极的推动作用。2013年中国国家汉办又对新HSK词汇大纲进行了修订，并于2013年1月在网站上正式公布。为了让应试者能更有的放矢地准备新HSK考试，笔者编写了这套单词书。

중국 국가 한반 및 공자학원 본부가 2009년 정식으로 출시한 新HSK는 중국과 해외에서 열렬한 환영을 받고 있습니다. 현재에도 응시 인원이 갈수록 늘어나면서 중국어를 세계적으로 보급하는 데 촉진제 역할을 하고 있습니다.

하지만, 2013년 중국 국가 한반은 또 한 번 新HSK 어휘 요강을 개정하였으며, 이에 관한 내용을 2013년 1월 해당 사이트에 정식으로 발표했습니다. 이에 필자는 응시자가 新HSK 준비에 만전을 기할 수 있도록 본서를 편찬하게 되었습니다.

지은이

01 最新! 这次修订的大纲除了调整一些词汇的级别分布, 删减一部分词汇外, 还增添了一些使用频率高的词汇。本套书严格按照最新修订的新HSK词汇大纲编写, 并且标注出了新增添的和级别有变化的词汇。

02 最切近考试! 通过对新HSK真题语料的分析, 注释出了每个词语在考试中常出现的义项的韩语意思, 忽略其他不常出现的义项。所给出的例句大都来自新HSK真题语料库, 能最大限度地帮助应试者准备考试。

03 最典型! 例句不但大都来自新HSK真题语料, 而且都是根据每个词语的典型意义和语法特点筛选。因此只要掌握所给出的例句, 就基本能掌握该词的意思和语法功能。

04 最易记! 选择例句时, 除了考虑以上几点外, 还特别注意了韩国人的母语思考方式和记忆方式, 所选例句对韩国人来说易记不易忘。

为了急得给你们信息, 只争朝夕地进行编写, 本套书还有很多不足, 希望在使用过程中给予指正。

01 **가장 새롭다!** 이번 개정의 요지는 일부 어휘의 등급 조정과 일부 어휘를 빼고 추가하는 것 이외에도, 사용 빈도가 높은 어휘를 추가했다는 것이다. 본서는 최신 개정된 新HSK 어휘 요강에 따라 엄격하게 집필했으며, 새로 추가된 단어와 등급 조정된 어휘에 별도로 표시를 해두었다.

02 **시험에 가장 가깝다!** 新HSK 기출문제에 대한 분석을 통해서, 각 단어에는 시험에서 자주 나오는 의미의 한국어 뜻으로 주석을 달았고, 기타 잘 나오지 않는 의미는 제외했다. 제시한 예문은 대부분 新HSK 기출문제에 근거했으며, 최대한 응시자의 입장을 배려했다.

03 **가장 전형적이다!** 예문은 기출문제에 근거하여, 각 단어의 전형적인 뜻과 어법 특징을 기준으로 선별했다. 따라서 주어진 예문만 잘 파악하면 기본적으로 해당 단어의 의미와 어법적 기능을 파악할 수 있다.

04 **가장 기억하기 쉽다!** 예문 선별 시 이상의 몇 가지 점을 고려한 것을 제외하고도 한국인의 모국어 사고방식과 기억방식에 유념하여 집필하였으므로, 한국인에게 가장 쉽게 기억되고 또한 쉽게 잊어버리지 않을 것이다.

끝으로 수험생들에게 단어 개정에 관련된 정보를 빠르게 전달하고자 촉각을 다투며 집필하여 본서가 다소 부족한 점이 있을 수 있으니, 독자 여러분의 많은 지도편달 바랍니다.

新HSK1~5급
이 책의
활용팁

Tip 1

제공되는 모든 단어에 급수를 표시하여 응시하고자 하는 시험의 급수만 따로 공부할 수 있도록 하였습니다.

Tip 2

해당 단어를 예문에 표시하여 문장에서의 쓰임을 한 번 더 확인할 수 있습니다.

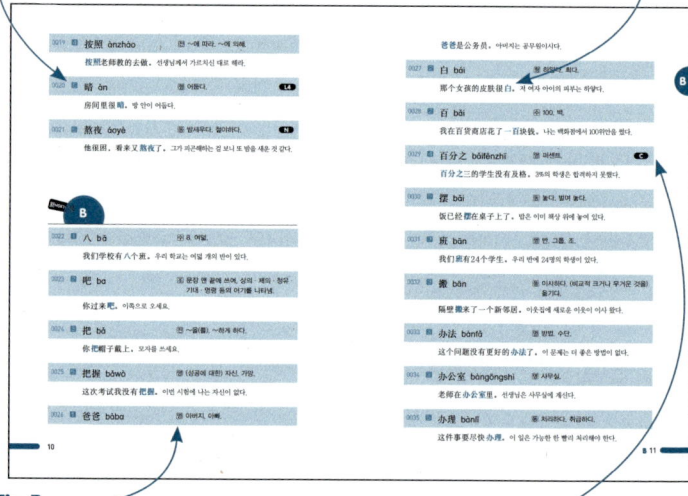

Tip 3

품사는 다음과 같이 약자로 표시하였습니다.

명사	명	형용사	형	인칭대사	대
동사	동	조동사	조동	의문대사	
부사	부	접속사	접	지시대사	
수사	수	감탄사	감	어기조사	
양사	양	접두사	접두	시태조사	조
전치사	전	접미사	접미	구조조사	
의성어	의성				

Tip 4

개정된 단어에는 암호를 따로 표기했습니다.

N – 해당 급수에 새롭게 추가된 단어

C – 같은 급수에서 단어의 형태가 바뀐 단어
  예) 划船 → 划

L 숫자 – 해당 급수가 바뀐 단어로 L뒤에 있는 숫자는 바뀌기 전 급수를 표기함.
  예) **5** 播放 **L6**
    → 6급에서 5급으로 급수 조정.

新HSK1~5급

차 례

0001 **3** 阿姨 āyí   명 아주머니.

阿姨，你好！ 아주머니, 안녕하세요!

0002 **3** 啊 a   감 문장 끝에 쓰여 감탄·찬탄을 나타냄.

好热啊！ 아, 너무 덥다!

0003 **5** 哎 āi   감 (애석함·안타까움을 나타내) 아이고, 에이.

哎，又迟到了。 아이고, 또 지각이야.

0004 **5** 唉 āi   감 (대답하는 소리로) 네. 응.

唉，我在这儿。 네, 저 여기 있습니다.

0005 **3** 矮 ǎi   형 (사람의 키가) 작다. (높이가) 낮다.

弟弟很矮。 남동생은 키가 작다.

0006 **1** 爱 ài   동 사랑하다. (어떤 일을 취미로서) 애호하다.

妈妈，我爱你。 엄마, 저는 엄마를 사랑해요.

0007 **3** 爱好 àihào   명 취미. 애호.

我没什么爱好。 저는 특별한 취미가 없습니다.

0008 **5** 爱护 àihù   동 잘 보살피다. 사랑하고 보호하다.

我们应该爱护我们的地球。 우리는 우리들의 지구를 잘 보살펴야 한다.

0009 **4** 爱情 àiqíng   명 남녀 간의 애정. 사랑.

谁都渴望美好的爱情。 누구나 아름다운 사랑을 갈망하다.

0010 **5** **爱惜** àixī 圐 아끼다. 소중히 여기다.

大家都要爱惜公物。 모두 다 공공기물을 아껴야 한다.

0011 **5** **爱心** àixīn 圐 (인간이나 환경에 대한) 관심과 사랑.

他是一个很有爱心的人。 그는 애정이 많은 사람이다.

0012 **3** **安静** ānjìng 圐 조용하다.

教室里很安静。 교실이 아주 조용하다.

0013 **4** **安排** ānpái 圐 (인원·시간 등을) 안배하다. 일을 처리하다.

安排三个人去接客人。 세 명을 안배해 손님을 모시러 간다.

0014 **4** **安全** ānquán 圐 안전하다.

路上要注意安全。 길에서는 안전에 주의해라.

0015 **5** **安慰** ānwèi 圐 위로하다. 안위하다.

朋友们都过来安慰他。 친구들이 모두 그를 위로하러 왔다.

0016 **5** **安装** ānzhuāng 圐 (기계·기자재 등을) 설치하다.

家里安装了空调。 집에 에어컨을 설치했다.

0017 **5** **岸** àn 圐 해안. 기슭.

岸上种了很多柳树liǔshù。 해안에 많은 버드나무를 심었다.

0018 **4** **按时** ànshí 圐 제때에. 시간에 맞추어.

他没有按时完成作业。 그는 제때에 숙제를 완성하지 않았다.

0019	④	**按照** ànzhào	젠 ~에 따라. ~에 의해.

按照老师教的去做。선생님께서 가르치신 대로 해라.

0020	⑤	**暗** àn	혱 어둡다. **L4**

房间里很暗。방 안이 어둡다.

0021	⑤	**熬夜** áoyè	동 밤새우다. 철야하다. **N**

他很困，看来又熬夜了。그가 피곤해하는 걸 보니 또 밤을 새운 것 같다.

0022	①	**八** bā	주 8. 여덟.

我们学校有八个班。우리 학교는 여덟 개의 반이 있다.

0023	②	**吧** ba	조 문장 맨 끝에 쓰여, 상의 · 제의 · 청유 · 기대 · 명령 등의 어기를 나타냄.

你过来吧。이쪽으로 오세요.

0024	③	**把** bǎ	젠 ~을(를). ~하게 하다.

你把帽子戴上。모자를 쓰세요.

0025	⑤	**把握** bǎwò	명 (성공에 대한) 자신. 가망.

这次考试我没有把握。이번 시험에 나는 자신이 없다.

0026	①	**爸爸** bàba	명 아버지. 아빠.

爸爸是公务员。 아버지는 공무원이시다.

0027 **2** 白 bái · 형 하얗다. 희다.

那个女孩儿的皮肤很白。 저 여자 아이의 피부는 하얗다.

0028 **2** 百 bǎi · 수 100. 백.

我在百货商店花了一百块钱。 나는 백화점에서 100위안을 썼다.

0029 **4** 百分之 bǎifēnzhī · 명 퍼센트. **C**

百分之三的学生没有及格。 3%의 학생은 합격하지 못했다.

0030 **5** 摆 bǎi · 동 놓다. 벌여 놓다.

饭已经摆在桌子上了。 밥은 이미 책상 위에 놓여 있다.

0031 **3** 班 bān · 명 반. 그룹. 조.

我们班有24个学生。 우리 반에 24명의 학생이 있다.

0032 **3** 搬 bān · 동 이사하다. (비교적 크거나 무거운 것을) 옮기다.

隔壁搬来了一个新邻居。 이웃집에 새로운 이웃이 이사 왔다.

0033 **3** 办法 bànfǎ · 명 방법. 수단.

这个问题没有更好的办法了。 이 문제는 더 좋은 방법이 없다.

0034 **3** 办公室 bàngōngshì · 명 사무실.

老师在办公室里。 선생님은 사무실에 계신다.

0035 **5** 办理 bànlǐ · 동 처리하다. 취급하다.

这件事要尽快办理。 이 일은 가능한 한 빨리 처리해야 한다.

0036 ③ **半** bàn   ㈜ 절반. 2분의 1.

还剩**半**个小时。 아직 30분이 남았다.

0037 ③ **帮忙** bāngmáng   图 도움을 주다. 원조하다.

我们都去**帮忙**吧。 우리 다 가서 도와주자.

0038 ② **帮助** bāngzhù   图 돕다. 원조하다.
                                명 도움. 원조.

我**帮助**他学习汉语。 나는 그가 중국어 공부하는 것을 도와준다.
老师给了他很多**帮助**。 선생님께서 그에게 많은 도움을 주셨다.

0039 ④ **棒** bàng   혱 (성적이) 좋다. (수준이) 높다.
                                명 몽둥이. **L5**

你说得太**棒**了。 너는 말을 아주 잘한다.
他手里拿着一根大**棒**。 그의 손에 큰 몽둥이 한 개가 들려있다.

0040 ⑤ **傍晚** bàngwǎn   명 저녁 무렵.

我**傍晚**到的。 나는 저녁 무렵에 도착했다.

0041 ③ **包** bāo   명 가방. 주머니.
                                图 (종이나 베 혹은 기타 얇은 것으로) 싸다.

奶奶提着三个**包**。 할머니께서 가방 세 개를 들고 계신다.
我们星期天**包**饺子吃。 우리는 일요일에 교자를 만들어 먹는다.

0042 ⑤ **包裹** bāoguǒ   명 소포.
                                图 싸다. 포장하다.

包裹收到了。 소포를 받았다.
你把伤口**包裹**一下。 상처를 좀 감싸세요.

0043 ⑤ 包含 bāohán   동 포함하다.

这句话包含了两个意思。 이 말에는 두 가지의 뜻이 포함되어 있다.

0044 ⑤ 包括 bāokuò   동 포함하다. 포괄하다.   **L4**

这个保险都包括什么？ 이 보험에는 어떤 것들이 포함되어 있습니까?

0045 ④ 包子 bāozi   명 (만두 소가 든) 찐빵. 만두.   **L5**

我买了一些包子。 나는 찐빵을 좀 샀다.

0046 ⑤ 薄 báo   형 엷다. 얇다.

婴儿的皮肤很薄。 갓난아이의 피부가 정말 얇다.

0047 ③ 饱 bǎo   형 배부르다.

我吃饱了。 나는 배가 부르다.

0048 ⑤ 宝贝 bǎobèi   명 귀염둥이. 보물. 보배.

宝贝儿子放学回来了。 귀염둥이 아들이 하교해서 돌아왔다.

0049 ⑤ 宝贵 bǎoguì   형 소중한. 진귀한.

他积累了宝贵的经验。 그는 소중한 경험을 쌓았다.

0050 ⑤ 保持 bǎochí   동 (지속적으로) 유지하다. 지키다.

每次考试他都保持第一名的位置。
매번 시험에서 그는 1등 자리를 지속해서 유지한다.

0051 ⑤ 保存 bǎocún   동 보존하다. 지키다. 간직하다.

你把文件保存一下。 당신은 문서를 좀 보존하세요.

0052 4 **保护** bǎohù   통 보호하다.

中国重视**保护**国家一级熊猫。
중국은 국가 일급의 판다를 보호하는 것을 중시한다.

0053 5 **保留** bǎoliú   통 남겨두다. 보류하다.

他一直**保留**着那个时候写的东西。
그는 줄곧 그때 쓴 것을 남겨두었다.

0054 5 **保险** bǎoxiǎn   명 보험.

你有人寿**保险**吗? 생명보험 가지고 있어요?

0055 4 **保证** bǎozhèng   통 보증하다. 담보하다.

我们**保证**完成任务。 저희는 임무를 완수할 것을 보증합니다.

0056 5 **报到** bàodào   통 (도착하였음을) 보고하다.   **L6**

学生们都已经来**报到**了。 학생들이 모두 벌써 도착하여 보고했다.

0057 5 **报道** bàodào   통 (뉴스 등을) 보도하다.   **L4**

电视台**报道**了那条新闻。 텔레비전 방송국이 그 뉴스를 보도하였다.

0058 5 **报告** bàogào   명 보고서. 리포트.
                   통 보고하다.

报告已经写完了。 보고서를 벌써 다 썼다.
我把结果**报告**给老板了。 나는 결과를 사장에게 보고했다.

0059 4 **报名** bàomíng   통 신청하다.

只有三个学生**报名**了。 단지 학생 세 명이 신청했다.

0060 5 报社 bàoshè　　　　명 신문사.　　　L6

他在**报社**工作。 그는 신문사에서 일한다.

0061 2 报纸 bàozhǐ　　　　명 신문.

她买了一份**报纸**。 그녀는 신문 한 부를 샀다.

0062 4 抱 bào　　　　동 안다. 껴안다. 포옹하다.

她**抱**着一个孩子。 그녀는 아이 한 명을 안고 있다.

0063 4 抱歉 bàoqiàn　　　　동 죄송합니다. 미안해하다.

抱歉，给你添麻烦了。 죄송합니다, 당신께 폐를 끼쳤습니다.

0064 5 抱怨 bàoyuàn　　　　동 (불만을 품고) 원망하다.　　　L6

他一直在**抱怨**天气不好。 그는 줄곧 날씨가 좋지 않아 원망하고 있다.

0065 1 杯子 bēizi　　　　명 (술·물·차 등 음료의) 잔. 컵.

我买了两个**杯子**。 나는 두 개의 컵을 샀다.

0066 5 悲观 bēiguān　　　　형 비관적이다. 비관하다.

他是个**悲观**的人。 그는 비관적인 사람이다.

0067 3 北方 běifāng　　　　명 북쪽. 북방.

首尔在韩国的**北方**。 서울은 한국의 북쪽에 있다.

0068 1 北京 Běijīng　　　　명 베이징.(중국의 수도)

北京是中国的首都。 베이징은 중국의 수도이다.

0069 **5** 背 bèi

명 등.
통 외우다. 암기하다.

我的背很疼。내 등이 아프다.
我每天都背单词。나는 매일 단어를 암기한다.

0070 **5** 背景 bèijǐng

명 (주요 관찰 물체의) 배경.

背景是一片大草原。배경은 드넓은 초원이다.

0071 **4** 倍 bèi

양 배. 배수. 곱절. 갑절.

中国是韩半岛的49倍。중국은 한반도의 49배이다.

0072 **3** 被 bèi

전 피동문에서 주어가 동작의 대상임을 나타냄.

孩子被妈妈打了一顿。아이가 엄마한테 한 대 맞았다.

0073 **5** 被子 bèizi

명 이불.

妈妈给我做了一条新被子。
엄마는 나에게 새 이불 한 채를 만들어 주셨다.

0074 **1** 本 běn

명 (儿과 함께 쓰여) 책. 공책.
양 (책의) 권을 나타냄.

桌上有一个本儿。책상에 공책이 하나 있다.
桌子上有一本书。책상에 책 한 권이 있다.

0075 **5** 本科 běnkē

명 (대학교의) 학부 (과정).

他本科毕业了。그는 학부를 졸업했다.

0076 **4** 本来 běnlái

부 원래. 본래.

我本来就不想去。나는 원래 가고 싶지 않았다.

0077 ⑤ **本领 běnlǐng**　　　명 능력. 기량. 재능. 솜씨.

那个人的**本领**很大。저 사람의 능력은 뛰어나다.

0078 ⑤ **本质 běnzhì**　　　명 본성. 본질.

他**本质**是好的。그의 본성은 착하다.

0079 ④ **笨 bèn**　　　형 멍청하다. 우둔하다.

你太**笨**了。너는 너무 멍청하다.

0080 ③ **鼻子 bízi**　　　명 코.

大象的**鼻子**很大。코끼리의 코는 크다.

0081 ② **比 bǐ**　　　전 ~에 비해. ~보다.

弟弟的个子**比**哥哥大。남동생은 형보다 키가 크다.

0082 ③ **比较 bǐjiào**　　　부 비교적. 상대적으로.
　　　　　　　　　　　동 비교하다.

这个想法**比较**好。이 생각은 비교적 좋다.
拿两个国家**比较**。두 나라를 가지고 비교하다.

0083 ⑤ **比例 bǐlì**　　　명 비례. 비.

按照一定的**比例**画。일정한 비례에 따라 그리다.

0084 ④ **比如 bǐrú**　　　접 예를 들면. 예컨대.　**L5**

首尔有很多故宫，**比如**景福宫。
서울에는 고궁이 많은데, 예를 들면 경복궁이 있다.

0085 ❸ 比赛 bǐsài   몡 경기. 시합.

有100个人参加**比赛**。100명이 시합에 참가하다.

0086 ❺ 彼此 bǐcǐ   때 서로. 피차. 상호. 쌍방. 양쪽.

他们俩**彼此**认识。그들 둘은 서로 안다.

0087 ❸ 笔记本 bǐjìběn   몡 노트. 수첩.   **L4**

我新买了一个**笔记本**。나는 노트를 한 권 새로 샀다.

0088 ❺ 必然 bìrán   혱 필연적이다.
                                         뿐 꼭. 필연적으로.

这是**必然**的结果。이것은 필연적인 결과이다.
他今天**必然**会来的。그는 오늘 꼭 올 것이다.

0089 ❸ 必须 bìxū   뿐 반드시 ~해야 한다. 꼭 ~해야 한다.

学生**必须**努力学习。학생은 반드시 열심히 공부해야 한다.

0090 ❺ 必要 bìyào   혱 필요로 하다.
                                         몡 필요(성).

我觉得很**必要**告诉他。나는 그에게 알려줄 필요가 있다고 생각한다.
我感觉这本书没有看的**必要**了。
나는 이 책을 볼 필요가 없다고 생각한다.

0091 ❺ 毕竟 bìjìng   뿐 결국. 끝내. 필경. 어디까지나.

毕竟是冬天了，天气冷了。어쨌든 겨울이라, 날씨가 추워졌다.

0092 ❹ 毕业 bìyè   통 졸업하다.
                                         몡 졸업.

他上个月毕业了。그는 저번 달에 졸업했다.

他现在忙着写毕业论文。그는 지금 바쁘게 졸업 논문을 쓰고 있다.

0093 ⑤ 避免 bìmiǎn 圐 피하다. (나쁜 상황을) 방지하다.

这场灾难不能避免。이번 재난은 피할 수 없다.

0094 ⑤ 编辑 biānjí 圐 편집하다.
圀 편집자. 편집인.

他在电视台编辑电视片。
그는 텔레비전 방송국에서 텔레비전 제작물을 편집한다.

他在报社当编辑。그는 신문사에서 편집자로 있다.

0095 ⑤ 鞭炮 biānpào 圀 폭죽. 폭죽의 총칭.

春节时放鞭炮。춘절에는 폭죽을 터트린다.

0096 ③ 变化 biànhuà 圐 변화하다. 달라지다.
圀 변화.

天气变化了。날씨가 변화했다.

他没有什么变化。그는 무슨 변화가 없다.

0097 ⑤ 便 biàn 图 바로. 곧.
圐 편리하다. 편하다.

说了几句话他便走了。몇 마디 하고 그는 바로 갔다.

看起来，他行动不便。그는 행동이 불편해 보인다.

0098 ④ 遍 biàn 壤 번. 차례. 회.

那篇课文他读了三遍。그 본문을 그는 세 번 읽었다.

0099 ⑤ 辩论 biànlùn 圐 변론하다. 논쟁하다. 토론하다.

他们俩辩论了两个小时。그들 둘은 두 시간 동안 논쟁했다.

0100 5 标点 biāodiǎn 　　　　　 몡 구두점.

这里缺少一个标点。 여기에 구두점 하나가 부족하다.

0101 5 标志 biāozhì 　　　　　 몡 표지.
　　　　　　　　　　　　　　 똉 상징하다. 명시하다.

门口立着一个标志。 입구에 표지가 세워져 있다.

这标志着一个阶段的结束。 이것은 한 단계의 끝맺음을 상징한다.

0102 4 标准 biāozhǔn 　　　　　 몡 기준. 표준.

任何行业都有自己的行业标准。
어떤 업종이건 다 자신의 업종 기준이 있다.

0103 5 表达 biǎodá 　　　　　 똉 (자신의 사상이나 감정을) 나타내다.

L4

他表达不出内心的痛苦。 그는 마음의 고통을 표현하지 못한다.

0104 4 表格 biǎogé 　　　　　 몡 표. 양식. 도표.

按照要求填写表格。 요구에 따라 표에 기입해라.

0105 5 表面 biǎomiàn 　　　　　 몡 표면. 외재적인 현상.

你不能只看事物的表面。 너는 사물의 표면만을 보아서는 안 된다.

0106 5 表明 biǎomíng 　　　　　 똉 표명하다. 분명하게 밝히다.

他已经表明了自己的观点。 그는 이미 자신의 관점을 표명했다.

0107 5 表情 biǎoqíng 　　　　　 몡 표정.

他的表情，看起来很高兴。 그의 표정은 아주 기뻐 보인다.

0108 ④ **表示** biǎoshì   튕 나타내다. 표시하다. 표명하다.   **L3**

他表示不想再去了。 그는 다시는 가고 싶지 않음을 표했다.

0109 ⑤ **表现** biǎoxiàn   몡 표현. 품행.
                                 튕 표현하다.

节约是爱国的表现之一。 절약은 나라를 사랑하는 표현 중의 하나이다.
这次比赛队员们意志表现得很不错。
이번 시합에서 팀원들의 의지가 매우 좋게 나타났다.

0110 ④ **表演** biǎoyǎn   몡 공연. 시범.
                                 튕 공연하다. 연기하다.   **L3**

这次表演很成功。 이번 공연은 아주 성공적이다.
他表演得很好。 그는 연기를 아주 잘한다.

0111 ④ **表扬** biǎoyáng   튕 칭찬하다. 표창하다.

老师表扬了他。 선생님은 그를 칭찬했다.

0112 ② **别** bié   떼 그 밖에. 달리. 따로.

你出去再找一些别的东西。 네가 나가서 다시 다른 물건들을 찾아라.

0113 ③ **别人** biéren   떼 (나 또는 특정한 사람 이외의) 다른 사람.

别人的东西不要随便动。 다른 사람의 물건을 함부로 건드리지 마세요.

0114 ② **宾馆** bīnguǎn   몡 호텔.   **L3**

他每次出差都住宾馆。 그는 매번 출장 때마다 호텔에 묵는다.

0115 ⑤ **冰激凌** bīngjīlíng   몡 아이스크림.   **N**

儿子很爱吃冰激凌。 아들은 아이스크림을 아주 즐겨 먹는다.

0116 ③ 冰箱 bīngxiāng ⑱ 냉장고.

家里买了一台冰箱。 집에 냉장고 한 대를 샀다.

0117 ④ 饼干 bǐnggān ⑱ 과자. 비스킷.

桌子上放着一盒饼干。 테이블 위에 과자 한 통이 놓여 있다.

0118 ④ 并且 bìngqiě ⑳ 그리고. 게다가. 또한.

他吃了三个包子，并且喝了一瓶啤酒。
그는 만두 세 개를 먹고, 게다가 맥주 한 병을 마셨다.

0119 ⑤ 病毒 bìngdú ⑱ 바이러스. 병원체. 병균.

这次的感冒病毒很厉害。 이번 감기 바이러스는 아주 독하다.

0120 ⑤ 玻璃 bōli ⑱ 유리.

玻璃杯子被摔碎了。 유리 컵이 깨졌다.

0121 ⑤ 脖子 bózi ⑱ 목.

下午看了书，我脖子有点儿累。
오후 내내 책을 보았더니, 목이 좀 뻐근하다.

0122 ⑤ 播放 bōfàng ⑧ 방영하다. 방송하다. **L6**

电视台在播放电视剧。 텔레비전 방송국이 연속극을 방영하고 있다.

0123 ④ 博士 bóshì ⑱ 박사.

我打算明年读博士课程。 나는 내년에 박사 과정을 밟으려고 한다.

0124 ⑤ 博物馆 bówùguǎn ⑱ 박물관.

老师带学生们参观了**博物馆**。
선생님께서 학생들을 데리고 박물관을 참관하셨다.

0125 ⑤ **补充** bǔchōng   图 추가하다. 보충하다.

人手不够，又**补充**了三个人进去。
손이 부족해서 또 세 명을 추가해서 들어가게 했다.

0126 ❶ **不** bù   图 (동사 · 형용사 또는 기타 부사 앞에서)
                             부정(否定)을 나타냄.

他的汉语**不**太好。   그는 중국어를 그다지 잘하지 못한다.

0127 ⑤ **不安** bù'ān   휑 불안하다.

没有钱让他很**不安**。 돈이 없어서 그는 매우 불안하다.

0128 ❸ **不但… 而且…**   젭 ~뿐만 아니라 게다가.
búdàn… érqiě…

他**不但**会汉语，**而且**还会韩语。
그는 중국어를 할 수 있을 뿐만 아니라, 게다가 한국어도 할 수 있다.

0129 ❹ **不得不** bùdébù   图 어쩔 수 없이.

下雨了，我**不得不**带上雨伞。
비가 내려서 나는 어쩔 수 없이 우산을 가져 왔다.

0130 ⑤ **不得了** bùdéliǎo   휑 (정도가) 심하다.

我的头疼得**不得了**。 나는 두통이 아주 심하다.

0131 ⑤ **不断** búduàn   图 계속해서. 끊임없이.

风**不断**吹进来。 바람이 계속해서 불어 들어온다.

0132 ④ **不管 bùguǎn**　　　　접 ~에 관계없이. ~을 막론하고.

不管多忙，他都会给妈妈打电话。
아무리 바빠도 그는 엄마에게 전화를 건다.

0133 ④ **不过 búguò**　　　　접 그렇지만. 그러나.

我不想去，不过你可以去。나는 가고 싶지 않지만, 너는 가도 돼.

0134 ⑤ **不见得 bújiàndé**　　　　부 확정할 수 없다.

是中国人不见得都可以教汉语。
중국인이라고 해서 모두 중국어를 가르칠 수 있는 것은 아니다.

0135 ④ **不仅 bùjǐn**　　　　접 ~뿐만 아니라.

我不仅会汉语，而且还会韩语。
나는 중국어도 할 줄 알고 한국어도 할 줄 안다.

0136 ① **不客气 bú kèqi**　　　　사양하지 않다. 천만에요.

谢什么，不客气。뭐가 고마우세요, 사양하지 마세요.

0137 ⑤ **不耐烦 búnàifán**　　　　형 못 참다. 귀찮다.

别说了，他都不耐烦了。말하지 마세요, 그는 이미 못 참아요.

0138 ⑤ **不然 bùrán**　　　　접 그렇지 않으면. 아니면.

下雨了，不然我早出发了。
비가 내리지 않았다면 나는 벌써 출발했다.

0139 ⑤ **不如 bùrú**　　　　접 ~만 못하다. ~하는 편이 낫다.

我的成绩不如你。내 성적은 너만 못하다.

0140 ⑤ **不要紧 búyàojǐn** 휑 괜찮다. 문제 될 것이 없다.

别担心，**不要紧**。 걱정하지 마, 괜찮아.

0141 ⑤ **不足 bùzú** 휑 부족하다. 충분하지 않다.
　　　　　　　　　　　　통 (일정한 숫자에) 이르지 못하다.

电力**不足**，因此经常停电。 전력 부족으로 자주 정전이 된다.
我家离她家**不足**三十米。 우리 집은 그녀 집까지 30미터가 안 된다.

0142 ⑤ **布 bù** 명 천. 포.

我买了一块**布**做书包。 나는 천 하나를 사서 책가방을 만들었다.

0143 ⑤ **步骤 bùzhòu** 명 (일이 진행되는) 순서. 절차. 차례.

做这件事情要分三个**步骤**。 이 일을 할 때는 세 단계로 나눠야 한다.

0144 ④ **部分 bùfen** 명 (전체 중의) 부분. 일부(분).

文章分三个**部分**。 문장은 세 부분으로 나뉜다.

0145 ⑤ **部门 bùmén** 명 부(部). 부문. 부서.

我是这个**部门**新来的领导。 나는 이 부서의 새로운 지도자이다.

0146 ④ **擦** cā   동 (천·수건 등으로) 닦다.

男生负责**擦**窗户。 남학생이 창문 닦는 것을 맡는다.

0147 ④ **猜** cāi   동 추측하다. 알아맞히다.

我**猜**不到，你告诉我吧。 나는 못 맞추겠어, 내게 알려줘.

0148 ④ **材料** cáiliào   명 재료. 원료. 감. 자재.

建筑**材料**都在仓库里。 건축 재료는 다 창고 안에 있다.

0149 ⑤ **财产** cáichǎn   명 (금전·물자·가옥 등의) 재산.

他有很多**财产**。 그는 재산이 많다.

0150 ⑤ **采访** cǎifǎng   동 인터뷰하다. 탐방하다. 취재하다.

他从来不接受**采访**。 그는 지금까지 인터뷰한 적이 없다.

0151 ⑤ **采取** cǎiqǔ   동 취하다. 채택하다.

政府应该**采取**措施防止雪灾发生。
정부는 눈 재해 발생을 방지할 조치를 취해야 한다.

0152 ⑤ **彩虹** cǎihóng   명 무지개.

天上出现了**彩虹**。 하늘에 무지개가 떴다.

0153 ⑤ **踩** cǎi   동 밟다. 짓밟다.

他在刚修的水泥地上**踩**了一脚。
그는 막 보수한 콘크리트에 한 발을 내디 밟았다.

0154 **1** 菜 cài 　　　　　　　　　　명 요리. 채소.

我明天要做**菜**给大家吃。
나는 내일 요리를 해서 모두에게 대접하려고 한다.

0155 **3** 菜单 càidān 　　　　　　　명 메뉴. 식단.

服务员，拿一下**菜单**! 종업원, 메뉴판 좀 주세요!

0156 **4** 参观 cānguān 　　　　　　동 참관하다.

明天我们去**参观**工厂。 내일 우리는 공장을 참관하러 간다.

0157 **3** 参加 cānjiā 　　　　　　　동 참가하다. 가입하다. 참여하다.

我们班的学生都希望**参加**运动会。
우리 반 학생들은 모두 운동회에 참가하기를 바란다.

0158 **5** 参考 cānkǎo 　　　　　　　동 참고하다. 참조하다.

写论文时可以**参考**别人的论文。
논문을 쓸 때 다른 사람의 논문을 참고할 수 있다.

0159 **5** 参与 cānyù 　　　　　　　　동 참여하다. 참가하다.

新老师都要**参与**研究工作。
새로 오신 선생님께서 모든 연구 업무에 참여하고자 하신다.

0160 **4** 餐厅 cāntīng 　　　　　　　명 식당. 레스토랑. **L5**

我在**餐厅**打工。 나는 식당에서 아르바이트한다.

0161 **5** 惭愧 cánkuì 　　　　　　　형 부끄럽다. 창피하다.

小王感到很**惭愧**。 왕 군은 아주 부끄럽게 느낀다.

0162 ⑤ 操场 cāochǎng　　　명 운동장.

让学生们在操场上集合。학생들이 운동장에 집합하도록 했다.

0163 ⑤ 操心 cāoxīn　　　동 마음을 쓰다. 신경을 쓰다.

妈妈为孩子们操心。엄마가 아이들을 걱정한다.

0164 ③ 草 cǎo　　　명 풀.

院子里长了很多草。정원에 많은 풀이 자랐다.

0165 ⑤ 册 cè　　　명 책자. 책.
　　　양 권. 책.

书的后面附有小册子。책 뒷면에 소책자가 붙어 있다.
一个上午就看完了一册书。오전 내내 책 한 권을 다 읽었다.

0166 ④ 厕所 cèsuǒ　　　명 화장실. 변소.　　　**L5**

犯错误的学生要清扫厕所。
잘못을 저지른 학생이 화장실을 청소해야 한다.

0167 ⑤ 测验 cèyàn　　　명 테스트. 시험.
　　　동 테스트하다. 시험하다.

下午我们做听力测验。오후에 우리는 듣기 테스트를 한다.
测验一下他的英语水平。그의 영어 수준을 좀 테스트하자.

0168 ③ 层 céng　　　명 층. 계층.
　　　양 겹. 층.

我们公司是一座17层的大楼。우리 회사는 17층짜리 빌딩이다.
早上起来发现地上有一层雪。
아침에 일어나서 눈 한 겹이 쌓인 것을 발견했다.

0169　⑤　**曾经 céngjīng**　　　　　图 일찍이. 이미. 벌써.

我**曾经**去过那个地方。나는 일찍이 그곳에 가본 적이 있다.

0170　⑤　**叉子 chāzi**　　　　　명 포크.

吃饭不用**叉子**。밥 먹을 때에는 포크가 필요 없다.

0171　⑤　**差距 chājù**　　　　　명 차이. 격차.　　　**L6**

我和他有很大的**差距**。나와 그는 매우 큰 차이가 있다.

0172　⑤　**插 chā**　　　　　동 꽂다. 끼우다. 삽입하다.

吃饭时别把筷子**插**在碗里。
밥을 먹을 때 젓가락을 밥그릇에 꽂지 마라.

0173　①　**茶 chá**　　　　　명 차.

来我办公室喝**茶**吧。우리 사무실에 와서 차를 마셔.

0174　③　**差 chà**　　　　　형 나쁘다. 표준에 못 미치다.
　　　　　　　　　　　　　　　동 부족하다. 모자라다.

新买的裤子质量很**差**。새로 산 바지의 품질이 나쁘다.
差三个人没有来。세 명이 오지 않았다.

0175　④　**差不多 chàbuduō**　　　　　형 (나이·정도·거리 등이) 비슷하다. 가깝다.
　　　　　　　　　　　　　　　　　　　　부 거의. 대체로.

俩人的年纪**差不多**。두 사람의 나이가 비슷하다.
要来的人**差不多**都来了。오려고 한 사람은 거의 다 왔다.

0176　⑤　**拆 chāi**　　　　　동 헐다. 해체하다. (붙여 놓은 것을) 뜯다.

他把房子**拆**了。그는 집을 허물었다.

0177 5 产品 chǎnpǐn 　　명 생산품. 제품.

欢迎大家试用新**产品**。다들 신제품을 시험삼아 써 보세요.

0178 5 产生 chǎnshēng 　　통 생기다. 발생하다.

俩人**产生**了误会。두 사람 사이에 오해가 생겼다.

0179 2 长 cháng 　　형 (길이가) 길다.

路线很**长**。노선이 매우 길다.

0180 4 长城 Chángchéng 　　명 만리장성.

长城非常有名。만리장성은 아주 유명하다.

0181 4 长江 Chángjiāng 　　명 양쯔 강.

长江是中国第一大江。양쯔 강은 중국의 제일 큰 강이다.

0182 5 长途 chángtú 　　명 장거리. 먼 길.

我明天坐**长途**客车去釜山。
나는 내일 장거리 여객버스를 타고 부산에 간다.

他不喜欢跑**长途**。그는 장거리 뛰는 것을 좋아하지 않는다.

0183 4 尝 cháng 　　통 맛보다.

我做了饺子，你**尝一尝**。내가 교자를 만들었어, 맛 좀 봐.

0184 5 常识 chángshí 　　명 상식. 일반 지식.

他缺少卫生**常识**。그는 위생에 관한 상식이 부족하다.

0185 4 场 chǎng 　　명 장소. 곳.
　　양 회. 번. 차례.

唱戏需要**场**。노래와 연극은 장소가 필요하다.

昨天没事儿做，出去看了一**场**电影。
어제 할 일이 없어서, 영화 한 편 보러 갔다.

0186 **2** 唱歌 chànggē　　　　　　동 노래 부르다.

他喜欢**唱歌**。그는 노래 부르는 것을 좋아한다.

0187 **5** 抄 chāo　　　　　　　　동 베끼다. 베껴 쓰다.

考试不能**抄**别人的。시험 볼 때 다른 사람 것을 베껴서는 안 된다.

0188 **4** 超过 chāoguò　　　　　　동 초과하다. 넘다. 앞지르다.

后面的人很快**超过**了他。뒤쪽에 있는 사람이 재빨리 그를 추월했다.

0189 **5** 超级 chāojí　　　　　　　형 슈퍼(super). 최상급의.　　**L6**

他是个**超级**大笨蛋。그는 슈퍼 바보다.

0190 **3** 超市 chāoshì　　　　　　명 슈퍼마켓.

我们一起去**超市**买东西。우리는 함께 슈퍼마켓에 물건을 사러 간다.

0191 **5** 朝 cháo　　　　　　　　전 ~을(를) 향하여. ~쪽으로.

朝右拐就可以看到麦当劳。오른쪽으로 돌면 맥도날드가 보인다.

0192 **5** 潮湿 cháoshī　　　　　　형 습하다. 축축하다.　　**L6**

地上很**潮湿**。땅이 아주 습하다.

0193 **5** 吵 chǎo　　　　　　　　형 시끄럽다. 떠들썩하다.
　　　　　　　　　　　　　　동 말다툼하다.　　**L4**

外面很**吵**。바깥이 시끄럽다.

俩人突然**吵**了起来。두 사람이 갑자기 말다툼하기 시작했다.

0194 ⑤ **吵架 chǎojià**　　　　图 다투다. 입씨름하다.

俩人又吵架了。그들 둘은 또 다투었다.

0195 ⑤ **炒 chǎo**　　　　图 (기름 따위로) 볶다.

炒米饭吃吧。쌀밥을 볶아서 먹자.

0196 ⑤ **车库 chēkù**　　　　图 차고.

车在车库里。차는 차고 안에 있다.

0197 ⑤ **车厢 chēxiāng**　　　　图 객실. 차실. 트렁크.

列车有五节车厢。열차에는 다섯 칸의 객실이 있다.

0198 ⑤ **彻底 chèdǐ**　　　　图 철저하다. 철저히 하다.

我彻底被打败了。나는 철저하게 패했다.

0199 ⑤ **沉默 chénmò**　　　　图 침묵하다. 말이 적다.

你为什么现在如此沉默? 지금 너는 왜 이렇게 침묵한 거니?

0200 ③ **衬衫 chènshān**　　　　图 와이셔츠. 셔츠. 블라우스.

他今天穿了一件白衬衫。그는 오늘 흰 셔츠를 입었다.

0201 ⑤ **趁 chèn**　　　　图 ~을(를) 틈타.

趁现在有时间快去吧。지금 시간 있을 때 빨리 가자.

0202 ⑤ **称 chēng**　　　　图 칭하다. 부르다.

他自己称自己是大力士。그는 자신을 스스로 힘 장사라고 칭한다.

| 0203 | ⑤ | 称呼 chēnghu | 몡 호칭. |
| | | | 동 ~(이)라고 부르다. |

爷爷奶奶都是**称呼**。 할아버지 할머니는 모두 호칭이다.
我们都**称呼**他小胖子。 우리는 그를 뚱뚱이라고 부른다.

| 0204 | ⑤ | 称赞 chēngzàn | 동 칭찬하다. 찬양하다. |

大家都**称赞**他做得好。 다들 그가 잘했다고 칭찬한다.

| 0205 | ⑤ | 成分 chéngfèn | 몡 (구성) 성분. 요소. |

咖啡含有很多有机**成分**。 커피에 많은 유기성분이 함유되어 있다.

| 0206 | ④ | 成功 chénggōng | 혱 성공적이다. |

这种方法很**成功**。 이런 방법은 아주 성공적이다.

| 0207 | ⑤ | 成果 chéngguǒ | 몡 성과. 결과. |

经过努力，他取得了一定的**成果**。
노력을 통해서, 그는 일정한 성과를 얻었다.

| 0208 | ③ | 成绩 chéngjì | 몡 (일·학업상의) 성적. 성과. 수확. |

这次考试的**成绩**很不理想。 이번 시험성적이 아주 이상적이지 못하다.

| 0209 | ⑤ | 成就 chéngjiù | 몡 (사업상의) 성과. 성취. |

他取得了不错的**成就**。 그는 좋은 성과를 거두었다.

| 0210 | ⑤ | 成立 chénglì | 동 (조직·기구 등을) 창립하다. 결성하다. |

公司已经**成立**56年了。 회사는 창립한 지 벌써 56년이 되었다.

0211 ⑤ **成人** chéngrén 명 성인. Ⓝ

你十二岁了应该买成人票。
너는 12세가 되었으니 성인표를 사야 한다.

0212 ⑤ **成熟** chéngshú 형 익다. 성숙하다. 숙련되다. L4

玉米已经成熟。옥수수는 이미 익었다.

0213 ④ **成为** chéngwéi 동 ~이(가) 되다. ~(으)로 되다.

她成为了新的总统。그녀는 새로운 대통령이 되었다.

0214 ⑤ **成语** chéngyǔ 명 성어.

我决心每天学一个成语。나는 매일 성어를 하나씩 배우기로 결심했다.

0215 ⑤ **成长** chéngzhǎng 동 성장하다. 자라다.

孩子们在快乐成长。아이들은 즐겁게 성장하고 있다.

0216 ⑤ **诚恳** chéngkěn 형 진실하다. 간절하다.

他说得很诚恳。그의 말이 매우 진실하다.

0217 ④ **诚实** chéngshí 형 진실하다. 성실하다.

做人要诚实。사람은 됨됨이가 진실해야 한다.

0218 ⑤ **承担** chéngdān 동 맡다. 담당하다.

他承担了很多责任。그는 많은 책임을 졌다.

0219 ⑤ **承认** chéngrèn 동 인정하다. 승인하다.

我承认我喜欢她。나는 내가 그녀를 좋아하는 것을 인정한다.

0220 ⑤ 承受 chéngshòu 　⑧ 받아들이다. 견디 내다.

我知道你承受了很多压力。
나는 네가 많은 스트레스를 견디 낸 것을 안다.

0221 ③ 城市 chéngshì 　⑲ 도시.

首尔是韩国的城市。 서울은 한국의 도시이다.

0222 ④ 乘坐 chéngzuò 　⑧ (자동차 · 배 · 비행기 등을) 타다.

父母乘坐飞机来韩国。 부모님께서는 비행기를 타고 한국에 오신다.

0223 ⑤ 程度 chéngdù 　⑲ 정도.

他的病没有到住院的程度。 그의 병은 입원할 정도는 아니다.

0224 ⑤ 程序 chéngxù 　⑲ 순서. 절차.

按照一定的程序做事儿。 일정한 순서에 따라 일을 한다.

0225 ① 吃 chī 　⑧ 먹다.

我在吃东西。 나는 뭘 먹고 있어.

0226 ④ 吃惊 chījīng 　⑧ 놀라다.

他的成绩让我吃惊。 그의 성적에 나는 놀랐다.

0227 ⑤ 吃亏 chīkuī 　⑧ 손해를 보다. 손실을 보다.

她从来不吃亏。 그녀는 지금껏 손해를 보지 않았다.

0228 ⑤ 池塘 chítáng 　⑲ 연못. 못.　　L6

门外有一个池塘。 문밖에 연못이 하나 있다.

0229 ③ 迟到 chídào   ⑧ 지각하다.

我今天迟到了。나는 오늘 지각했다.

0230 ⑤ 迟早 chízǎo   ⑨ 조만간. 머지않아.   **N**

他迟早会成功的。그는 조만간 성공할 것이다.

0231 ⑤ 持续 chíxù   ⑧ 지속하다.

罢工仍在持续。파업이 여전히 지속 중이다.

0232 ⑤ 尺子 chǐzi   ⑨ 자.

我可以用你的尺子吗? 네 자를 좀 사용해도 되겠니?

0233 ⑤ 翅膀 chìbǎng   ⑨ 날개.

鸟有两个翅膀。새는 두 개의 날개가 있다.

0234 ⑤ 冲 chōng   ⑧ (물로) 씻어 내다. 돌진하다.

进门后要冲一下脚。들어온 후에는 발을 씻어야 한다.

0235 ⑤ 充电器 chōngdiànqì   ⑨ 충전기.

充电器不见了。충전기가 안 보인다.

0236 ⑤ 充分 chōngfèn   ⑱ 충분하다.
                           ⑨ 충분히.

雨水很充分。빗물이 충분하다.
她充分表明了自己的观点。그녀는 자신의 관점을 충분히 표현했다.

0237 ⑤ 充满 chōngmǎn   ⑧ 충만하다. 넘치다.

他的眼里充满爱意。그의 눈에 사랑이 충만하다.

0238 ⑤ **重复** chóngfù　　　　동 (같은 일을) 중복하다. 반복하다.

两道题重复了。두 문제가 중복되었다.

0239 ④ **重新** chóngxīn　　　　부 다시. 재차.

他们俩人重新开始了。그들 둘은 다시 시작했다.

0240 ⑤ **宠物** chǒngwù　　　　명 애완동물.

宿舍里不允许养宠物。
기숙사에서 애완동물 기르는 것을 허락하지 않는다.

0241 ⑤ **抽屉** chōuti　　　　명 서랍.

我的办公桌有三个抽屉。내 사무용 탁자는 세 개의 서랍이 있다.

0242 ⑤ **抽象** chōuxiàng　　　　형 추상적이다.

道理都很抽象。방법이 다 아주 추상적이다.

0243 ④ **抽烟** chōuyān　　　　동 담배(를) 피우다.

这里不能抽烟。여기에서는 담배를 피울 수 없다.

0244 ⑤ **丑** chǒu　　　　형 추하다. 못생기다.

我长得很丑。나는 정말 못생겼다.

0245 ⑤ **臭** chòu　　　　형 (냄새가) 구리다.

你的脚很臭。네 발 냄새가 너무 구리다.

0246 ② 出 chū 　　　　　⑧ 나가다. 나오다.

出门活动一下。나가서 좀 활동하세요.

0247 ⑤ 出版 chūbǎn 　　　　⑧ 출판하다. 출간하다.

新书出版了。새 책이 출판되었다.

0248 ④ 出差 chūchāi 　　　　⑧ (외지로) 출장 가다.

我明天出差。나는 내일 출장 간다.

0249 ④ 出发 chūfā 　　　　⑧ 출발하다. 떠나다.

明天早上九点出发。내일 오전 아홉 시에 출발한다.

0250 ⑤ 出口 chūkǒu 　　　　⑧ 수출하다.
　　　　　　　　　　　　⑲ 출구.

这些汽车出口中国。이 자동차들은 중국으로 수출한다.
安全出口在哪儿? 비상출구가 어디에 있습니까?

0251 ⑤ 出色 chūsè 　　　　⑲ 대단히 뛰어나다.

他是一个出色的演员。그는 뛰어난 연기자다.

0252 ④ 出生 chūshēng 　　　　⑧ 태어나다. 출생하다.

孩子出生一个月了。아이는 태어난 지 한 달 되었다.

0253 ⑤ 出示 chūshì 　　　　⑧ 제시하다. 내보이다. Ⓝ

请出示你的护照。당신의 여권을 제시하세요.

0254 ⑤ 出席 chūxí 　　　　⑧ 회의에 참가하다. 출석하다.

代表们都积极出席代表会议。
대표들은 모두 적극적으로 대표자 회의에 참가한다.

0255 ④ **出现** chūxiàn 동 출현하다. 나타나다. **L3**

我的工作出现问题了。 내 업무에 문제가 생겼다.

0256 ① **出租车** chūzūchē 명 택시.

没时间了，我们坐出租车去。 시간 없어, 우리 택시를 타고 가자.

0257 ⑤ **初级** chūjí 형 초급의. 초등의.

我教初级汉语口语。 나는 초급 중국어 회화를 가르친다.

0258 ⑤ **除非** chúfēi 접 ~한다면 몰라도. 오직 ~하여야.

你一定要来，除非有其他重要的事儿。
너는 반드시 와야 해, 다른 중요한 일이 있으면 몰라도.

0259 ③ **除了** chúle 전 ~을(를) 제외하고.

除了他，我都不认识。 그를 제외하고는, 나는 다 모른다.

0260 ⑤ **除夕** chúxī 명 섣달.

明天是除夕。 내일은 섣달 그믐날이다.

0261 ④ **厨房** chúfáng 명 주방. 부엌. **L3**

妈妈在厨房做饭。 엄마가 주방에서 밥을 지으신다.

0262 ⑤ **处理** chǔlǐ 동 처리하다.

你先走，我来处理。 너 먼저 가, 내가 처리할게.

0263　**②**　穿　chuān　　　　　　　图 입다. 신다.

我**穿**了一身西装。 나는 양복 한 벌을 입었다.

0264　**⑤**　传播　chuánbō　　　　图 전파하다. 유포하다.

老师的任务是**传播**新知识的。
선생님의 임무는 새로운 지식을 전파하는 것이다.

0265　**⑤**　传染　chuánrǎn　　　　图 전염하다. 감염하다.

感冒是可以**传染**的。 감기는 전염될 수 있다.

0266　**⑤**　传说　chuánshuō　　　　图 전설.

这里流传着一个美丽的**传说**。
이곳에 아름다운 전설 하나가 전해지고 있다.

0267　**⑤**　传统　chuántǒng　　　　图 전통.
　　　　　　　　　　　　　　　　 图 보수적이다. 전통적이다.

尊老爱幼是我们的优良**传统**。
어르신을 존중하고 어린이를 사랑하는 것은 우리의 좋은 전통이다.

他很**传统**。 그는 보수적이다.

0268　**④**　传真　chuánzhēn　　　　图 팩시밀리. 팩스.

他给我发来一份**传真**。 그는 내게 팩스 한 통을 보내왔다.

0269　**③**　船　chuán　　　　　　　图 배. 선박.　　　　　　**L2**

一条**船**驶出了港口。 배 한 척이 항구를 빠져나갔다.

0270　**④**　窗户　chuānghu　　　　图 창문.

擦**窗户**时不小心摔下来了。 창문을 닦을 때 부주의해서 떨어졌다.

0271 ⑤ 窗帘 chuānglián　　　명 커튼.

帮我拉上**窗帘**。 내가 커튼 끌어당기는 것을 도와줘.

0272 ⑤ 闯 chuǎng　　　동 돌진하다. 갑자기 뛰어들다.

一条狗**闯**了进来。 개 한 마리가 뛰어 들어왔다.

0273 ⑤ 创造 chuàngzào　　　동 만들다. 창조하다.

那个运动员**创造**了新记录。 저 운동선수는 신기록을 세웠다.

0274 ⑤ 吹 chuī　　　동 불다.

风把衣服**吹**跑了。 바람이 옷을 날려 보냈다.

0275 ③ 春 chūn　　　명 봄. 춘계.

大地回**春**，燕子从南方飞回来了。
대지에 봄이 돌아와, 제비가 남쪽에서 날아왔다.

0276 ③ 词典 cídiǎn　　　명 사전.　　　**L4**

我的**词典**不见了。 내 사전이 보이지 않는다.

0277 ⑤ 词汇 cíhuì　　　명 어휘.　　　**L6**

HSK**词汇**一共有5000个。 HSK 어휘는 모두 5,000개가 있다.

0278 ④ 词语 cíyǔ　　　명 단어와 어구. 어휘.　　　**L3**

每年都出现很多新造**词语**。 해마다 많은 신조어가 생긴다.

0279 ⑤ 辞职 cízhí　　　동 사직하다. 직장을 그만두다.

他已经**辞职**了。 그는 이미 사직했다.

0280 5 **此外** cǐwài　　　접 이 밖에. 이 외에.

我一周去公司两天，**此外**三天去学校。
나는 일주일에 두 번 회사에 가고, 그 밖에 3일은 학교에 간다.

0281 2 **次** cì　　　양 차례. 번. 회.

那本书我看过三**次**。그 책은 내가 세 번 본 적이 있다.

0282 5 **次要** cìyào　　　형 부차적인. 다음으로 중요한.

这些都是**次要**的，重要的是要努力。
이것들은 부차적인 것이고, 중요한 것은 노력하는 것이다.

0283 5 **刺激** cìjī　　　동 자극하다. 북돋우다.
　　　　　　　　　　　　　명 충격. (정신적) 자극.

政府应该采取措施**刺激**经济的发展。
정부는 경제 발전을 북돋우는 조치를 취해야 한다.

他受到了很多外部**刺激**。그는 많은 외부 충격을 받았다.

0284 5 **匆忙** cōngmáng　　　형 매우 바쁘다. 총망하다.

他每天都很**匆忙**。그는 날마다 아주 바쁘다.

0285 3 **聪明** cōngming　　　형 똑똑하다. 총명하다.

他是一个**聪明**的孩子。그는 똑똑한 아이다.

0286 2 **从** cóng　　　전 ~부터. ~을 기점으로.

从家到学校需要一个小时。집에서부터 학교까지 한 시간이 걸린다.

0287 5 **从此** cóngcǐ　　　부 이후로. 그로부터. 이로부터.

从此他再也没有来过这里。이후로 그는 다시 이곳에 온 적이 없다.

0288 ⑤ **从而** cóng'ér   쩝 따라서. 그리하여.

改变了学习方法，从而提高了学习成绩。
학습 방법을 바꿔서 학습 성적이 올랐다.

0289 ④ **从来** cónglái   뮌 (과거부터) 지금까지. 여태껏.

我从来没有去过那里。 나는 지금까지 그곳에 간 적이 없다.

0290 ⑤ **从前** cóngqián   몡 옛날. 이전.

这里从前有一座庙miào。 이곳에는 옛날에 절이 있었다.

0291 ⑤ **从事** cóngshì   용 종사하다. 일하다.

他从事教育事业。 그는 교육사업에 종사한다.

0292 ⑤ **粗糙** cūcāo   휑 (질감이) 거칠다. (일이) 서투르다. **N**

妈妈的手很粗糙。 엄마의 손이 아주 거칠다.

0293 ④ **粗心** cūxīn   휑 부주의하다. 소홀하다.

他做事很粗心。 그는 일할 때 부주의하다.

0294 ⑤ **促进** cùjìn   용 촉진하다.

这样的方案能促进经济发展。
이러한 방안이 경제발전을 촉진할 수 있다.

0295 ⑤ **促使** cùshǐ   용 ～하게끔 (추진)하다.

什么促使你学汉语的？ 무엇이 당신이 중국어를 배우게끔 했나요?

0296 ⑤ **醋** cù   몡 식초. 초.

他一口气喝了一瓶醋。 그는 단번에 식초 한 병을 마셨다.

0297 **5** 催 cuī 　　　　　　 동 재촉하다. 다그치다.

你去催他起床。네가 가서 그가 일어나도록 재촉해.

0298 **4** 存 cún 　　　　　　 동 저축하다. 보존하다. 저장하다. **L5**

他这几年存了很多钱。그는 최근 몇 년 동안 많은 돈을 저축했다.

0299 **5** 存在 cúnzài 　　　　　 동 존재하다.

世界上不存在鬼神。세상에 귀신은 존재하지 않는다.

0300 **5** 措施 cuòshī 　　　　　 명 조치. 대책.

公司采取了措施防止病毒传播。
회사는 바이러스 전파를 방지하는 조치를 취했다.

0301 **2** 错 cuò 　　　　　　 형 틀리다. 맞지 않다.

对不起，我错了。미안해, 내가 틀렸어.

0302 **4** 错误 cuòwù 　　　　　 명 착오. 잘못. **L5**

我犯了一个很大的错误。나는 큰 잘못을 범했다.

0303 ⑤ 答应 dāying 　　　　⑧ 동의하다. 응답하다. 허락하다.

我答应她和她一起去看电影。
나는 그녀와 같이 영화 보러 가는 것에 동의한다.

0304 ⑤ 达到 dádào 　　　　⑧ 도달하다. 이르다.

他的汉语已经达到五级水平。
그의 중국어는 이미 5급 수준에 도달했다.

0305 ④ 答案 dá'àn 　　　　⑲ 해답. 답안. 답.

这个问题没有答案。이 문제는 해답이 없다.

0306 ④ 打扮 dǎban 　　　　⑧ 화장하다. 꾸미다.

她打扮得很漂亮。그녀는 예쁘게 화장했다.

0307 ① 打电话 dǎ diànhuà 　　　전화를 걸다.

给妈妈打电话。엄마에게 전화를 걸다.

0308 ⑤ 打工 dǎgōng 　　　　⑧ 일하다. 아르바이트하다.

很多农民都出去打工了。많은 농민이 다 일하러 나갔다.

0309 ⑤ 打交道 dǎ jiāodao 　　　(사람끼리) 왕래하다. 연락하다.

不要和坏人打交道。나쁜 사람과 왕래하지 마.

0310 ② 打篮球 dǎ lánqiú 　　　농구시합을 하다.

孩子们在打篮球。아이들이 농구를 하고 있다.

0311 ⑤ 打喷嚏 dǎ pēntì　　　재채기하다.

感冒了，一直打喷嚏。 감기에 걸려서 계속 재채기를 한다.

0312 ④ 打扰 dǎrǎo　　　圖 방해하다. 지장을 주다.

对不起，打扰您了。 죄송합니다, 폐를 끼쳤습니다.

0313 ③ 打扫 dǎsǎo　　　圖 청소하다.

妈妈帮我打扫房间。 어머니께서 내가 방 청소하는 것을 거들어 주셨다.

0314 ③ 打算 dǎsuan　　　圖 ~하려고 하다.
　　　　　　　　　　　　圖 계획. 생각.

我打算明天去游泳。 나는 내일 수영하러 갈 것이다.
这个暑假你有什么打算吗？ 이번 여름 방학에 너는 무슨 계획이 있어?

0315 ⑤ 打听 dǎting　　　圖 물어보다. 알아보다.

打听到了他的消息。 그의 소식을 물어보았다.

0316 ④ 打印 dǎyìn　　　圖 인쇄하다. 프린트하다.

把这份文件打印出来。 이 문서를 인쇄해 주세요.

0317 ④ 打招呼 dǎ zhāohu　　　圖 인사하다.　　　**L5**

我没有和他打招呼。 나는 그와 인사하지 않았다.

0318 ④ 打折 dǎzhé　　　圖 가격을 깎다. 할인하다.

商场正在打折。 상가에서 가격 할인을 하고 있다.

0319 ④ 打针 dǎzhēn　　　圖 주사를 놓다. 주사를 맞다.

护士在给病人打针。간호사가 환자에게 주사를 놓고 있다.

0320 **1** **大** dà   혱 크다. 넓다.

她的眼睛很大。그녀의 눈은 크다.

0321 **5** **大方** dàfang   혱 (언행이) 시원시원하다. 인색하지 않다.

说话做事要大方。 말과 행동은 시원시원해야 한다.

0322 **4** **大概** dàgài   틧 대개. 아마도.

我们大概有三十个人。우리는 대략 30명이다.

0323 **2** **大家** dàjiā   떼 모두. 다들.

请大家安静。모두 조용히 하세요.

0324 **5** **大厦** dàshà   몡 빌딩. 고층 건물.   **L6**

江南有很多大厦。강남에는 빌딩이 많다.

0325 **4** **大使馆** dàshǐguǎn   몡 대사관.

中国大使馆在南山。중국 대사관은 남산에 있다.

0326 **5** **大象** dàxiàng   몡 코끼리.

国王骑着一头大象。국왕이 코끼리를 타고 있다.

0327 **5** **大型** dàxíng   혱 대형의.

那里有一个大型运动场。그곳에는 큰 운동장이 하나 있다.

0328 **4** **大约** dàyuē   틧 대략. 대강. 얼추.

现在大约四点。지금은 대략 4시이다.

0329 5 呆 dāi
- 통 머물다.
- 형 멍청하다. (머리가) 둔하다.

他一直呆在那里。 그는 줄곧 거기에 머문다.
这人有点儿呆。 이 사람은 좀 멍청하다.

0330 4 大夫 dàifu
- 명 의사.

爸爸妈妈都是大夫。 아빠 엄마는 모두 의사다.

0331 5 代表 dàibiǎo
- 통 대표하다.
- 명 대표. **L4**

这部电影代表这次釜山国际电影节。
이 영화는 이번 부산국제영화제를 대표한다.

会议代表们都入座了。 회의 대표자들이 모두 자리에 앉았다.

0332 5 代替 dàitì
- 통 대체하다. 대신하다. **L4**

没有人能代替他。 그를 대신할 수 있는 사람이 없다.

0333 3 带 dài
- 통 몸에 지니다. 휴대하다.
- 명 띠. 벨트.

我没有带钱包。 나는 지갑을 휴대하지 않았다.
鞋带松了。 신발 끈이 느슨해졌다.

0334 5 贷款 dàikuǎn
- 통 (은행에서) 대출하다.
- 명 대출금. 대여금. 대부금.

银行不给贷款。 은행은 대출을 안 해준다.
用贷款买房子。 대출금으로 집을 사다.

0335 5 待遇 dàiyù
- 명 대우. 대접.
- 통 대우하다.

教师们都要求提高教师**待遇**。
교사들은 모두 교사 대우를 높여 주길 원한다.

你不能这样**待遇**他。 너는 그를 이렇게 대해서는 안 돼.

0336 **4** **戴** dài   图 쓰다. 착용하다. 몸에 달다.

他今天**戴**着帽子。 그는 오늘 모자를 쓰고 있다.

0337 **5** **担任** dānrèn   图 맡다. 담임하다. 담당하다.

刘老师**担任**你们班的班主任。
리우 선생님께서 너희 반 담임을 맡으신다.

0338 **3** **担心** dānxīn   图 걱정하다.

妈妈一直很**担心**我。 엄마는 줄곧 나를 걱정하신다.

0339 **5** **单纯** dānchún   혱 단순하다.

他还是一个**单纯**的孩子。 그는 여전히 단순한 아이이다.

0340 **5** **单调** dāndiào   혱 단조롭다.

我的生活很**单调**。 나의 생활은 단조롭다.

0341 **5** **单独** dāndú   图 혼자서. 단독으로.

我想**单独**待一会儿。 나는 혼자서 잠시 머물고 싶다.

0342 **5** **单位** dānwèi   몡 회사. 직장. 기관. 단위.

他今天没有去**单位**上班。 그는 오늘 회사에 출근하지 않았다.

0343 **5** **单元** dānyuán   몡 (교재 등의) 단원. (아파트 · 빌딩 등의) 현관.

明天学习下一个**单元**。 내일 다음 단원을 배웁시다.

0344 ⑤ **耽误** dānwu　　　⑧ 시간을 허비하다. (시간을 지체하다가) 일을 그르치다. 지체하다.

別**耽误**自己的时间。 자신의 시간을 허비하지 마세요.

0345 ⑤ **胆小鬼** dǎnxiǎoguǐ　　⑲ 겁쟁이.

我不是**胆小鬼**。 나는 겁쟁이가 아니에요.

0346 ⑤ **淡** dàn　　　⑲ 싱겁다. 농도가 옅다.

汤很**淡**，再加点盐吧。 탕이 싱거우니, 소금을 더 넣자.

0347 ③ **蛋糕** dàngāo　　⑲ 케이크.

孩子爱吃**蛋糕**。 아이는 케이크를 좋아한다.

0348 ④ **当** dāng　　　⑧ ~이(가) 되다.

我想**当**老师。 나는 교사가 되고 싶다.

0349 ⑤ **当地** dāngdì　　⑲ 현지. 현장. 그곳.　　**L4**

我不是**当地**人。 나는 현지인이 아니다.

0350 ③ **当然** dāngrán　　⑲ 당연하다. 물론이다.

下雨了，地上**当然**有水。 비가 내렸으니, 땅에는 당연히 물이 있다.

0351 ④ **当时** dāngshí　　⑲ 당시.

当时他不在。 당시에 그는 부재중이었다.

0352 ⑤ **当心** dāngxīn　　⑧ 조심하다. 주의하다.　　**L6**

当心别感冒。 감기에 걸리지 않도록 조심해라.

0353 ⑤ **挡 dǎng** 　　　　　　　圐 막다. 차단하다.

他挡着我，我看不到。 그가 나를 막아서 나는 안 보인다.

0354 ④ **刀 dāo** 　　　　　　　圐 칼.

小偷儿只拿了一把刀。 도둑은 칼 한 자루만 들고 있다.

0355 ⑤ **导演 dǎoyǎn** 　　　　　圐 연출자. 감독. 안무.

一位有名的导演来我们学校了。
유명한 감독 한 분이 우리 학교에 오셨다.

0356 ④ **导游 dǎoyóu** 　　　　　圐 가이드.

他是导游。 그는 가이드이다.

0357 ⑤ **导致 dǎozhì** 　　　　　圐 (어떤 사태를) 야기하다. 초래하다.

大风导致了很多房子倒了。 강한 바람이 많은 집을 쓰러뜨려 버렸다.

0358 ⑤ **岛屿 dǎoyǔ** 　　　　　圐 섬. 　　　**L6**

济州岛是韩国最大的岛屿。 제주도는 한국의 가장 큰 섬이다.

0359 ⑤ **倒霉 dǎoméi** 　　　　　圐 운수가 사납다. 불운하다.

我最近很倒霉。 나는 요즘 운수가 사납다.

0360 ② **到 dào** 　　　　　　　圐 도착하다. 어느 곳에 이르다.

我十点就到了。 나는 10시에 바로 도착했다.

0361 ④ **到处 dàochù** 　　　　　圐 도처. 곳곳.

他在到处游览。 그는 도처를 유람한다.

0362	⑤	到达 dàodá	图 도달하다. 도착하다.

飞机**到达**了仁川机场。비행기가 인천공항에 도착했다.

0363	④	到底 dàodǐ	图 도대체.

到底几点到? 도대체 몇 시에 도착해?

0364	④	倒 dǎo	图 넘어지다. 자빠지다. **L5**

不小心摔**倒**了。조심하지 않아서 걸려 넘어졌다.

0365	⑤	道德 dàodé	图 도덕. 윤리.

任何人都要讲**道德**。누구나 다 도덕을 중시해야 한다.

0366	⑤	道理 dàolǐ	图 도리. 이치.

他说得有**道理**。그의 말에는 일리가 있다.

0367	④	道歉 dàoqiàn	图 사과하다.

我错了，我**道歉**。제가 틀렸습니다. 사과 드릴게요.

0368	④	得意 déyì	图 득의하다. 대단히 만족하다.

他看上去很**得意**。그는 매우 득의양양해 보인다.

0369	③	地 de	图 (관형어로 쓰이는 단어나 구 뒤에 쓰여 중심어를 수식함) ~하게.

他轻轻**地**走过来了。그는 가볍게 걸어서 왔다.

0370	①	的 de	图 (관형어 뒤에 쓰여) ~한. ~의.

我**的**书不见了。내 책이 보이지 않는다.

0371 **2** 得 de   조 (동사나 형용사 뒤에 쓰여) 결과나 정도를 나타내는 보어와 연결하게 함.

孩子笑得很好看。 아이가 예쁘게 웃는다.

0372 **4** 得 děi   조동 ~해야 한다.

我得去一下厕所。 저는 화장실에 좀 가야 합니다.

0373 **3** 灯 dēng   명 등. 라이트.

门口的灯坏了。 입구의 등이 고장 났다.

0374 **4** 登机牌 dēngjīpái   명 비행기의 탑승권.   **L5**

请出示您的登机牌。 당신의 탑승권을 제시하세요.

0375 **5** 登记 dēngjì   동 등록하다. 등기하다.

你去那边登记一下。 당신은 저쪽에 가서 등록하세요.

0376 **2** 等 děng   동 기다리다.

我们等他一下。 우리 잠시 그를 기다리자.

0377 **4** 等 děng   조 등. 따위.

我需要笔记本、铅笔等。 나는 노트와 연필 등이 필요하다.

0378 **5** 等待 děngdài   동 기다리다.

我在等待时机成熟。 나는 시기가 무르익기를 기다리고 있다.

0379 **5** 等于 děngyú   동 (수량이) ~와(과) 같다.

一加一等于二。 1 더하기 1은 2이다.

0380 ④ 低 dī 형 (높이·등급이) 낮다. L3

今天的温度很低。오늘 기온은 낮다.

0381 ⑤ 滴 dī 명 방울.
동 (액체가) 한 방울씩 떨어지다.

我不能浪费一滴水。나는 물 한 방울도 낭비할 수 없다.
一滴水滴下来。물 한 방울이 떨어지다.

0382 ⑤ 的确 díquè 부 확실히. 분명히.

我的确不知道他的名字。나는 정말 그의 이름을 모른다.

0383 ⑤ 敌人 dírén 명 적.

他是我的敌人。그는 나의 적이다.

0384 ④ 底 dǐ 명 밑. 바닥.

井底之蛙怎么会知道外面的世界呢?
우물 밑의 개구리가 어떻게 바깥세계를 알 수 있겠는가?

0385 ⑤ 地道 dìdao 형 정통의. 진짜의. 순수하다.

他的汉语很地道。 그는 정통 중국어를 구사한다.

0386 ④ 地点 dìdiǎn 명 지점. 장소. 소재지. N

约会的地点还没有定。약속 장소는 아직 정해지지 않았다.

0387 ③ 地方 dìfang 명 장소. 곳.

今天去了三个地方。오늘 세 곳을 갔다.

0388 ⑤ **地理** dìlǐ   몡 지리.

他不喜欢地理。 그는 지리를 싫어한다.

0389 ④ **地球** dìqiú   몡 지구.

我们只有一个地球。 우리는 한 개의 지구밖에 없다.

0390 ⑤ **地区** dìqū   몡 지역. 지구.

大家一起支援贫困地区吧。 모두 같이 빈곤 지역을 지원합시다.

0391 ⑤ **地毯** dìtǎn   몡 카펫. 양탄자.

地上铺着地毯。 바닥에 카펫이 깔렸다.

0392 ③ **地铁** dìtiě   몡 지하철.

我每天坐地铁去。 나는 매일 지하철을 타고 간다.

0393 ③ **地图** dìtú   몡 지도.

墙上挂着一幅地图。 벽에 지도 한 폭이 걸려 있다.

0394 ⑤ **地位** dìwèi   몡 지위. 위치.

他在公司的地位很高。 그는 회사에서의 지위가 높다.

0395 ⑤ **地震** dìzhèn   몡 지진.

四川又发生了地震。 쓰촨에서는 지진이 또 발생했다.

0396 ④ **地址** dìzhǐ   몡 주소.

告诉我你的地址。 나에게 네 주소를 알려줘.

0397 ② **弟弟** dìdi　　　　　　　　명 남동생.

我有两个弟弟。 나는 두 명의 남동생이 있다.

0398 ⑤ **递** dì　　　　　　　　동 건네주다.

你递给我一双筷子。 내게 젓가락 한 벌을 건네줘.

0399 ② **第一** dìyī　　　　　　　수 첫 번째. 제1.

今天小王是第一个来的人。 오늘 왕 군이 첫 번째로 온 사람이다.

0400 ① **点** diǎn　　　　　　　양 시(時).

现在几点? 지금 몇 시입니까?

0401 ⑤ **点心** diǎnxin　　　　　명 간식. 과자류 식품.

吃点儿点心吧。 간식을 좀 드세요.

0402 ⑤ **电池** diànchí　　　　　명 전지.

电池用完了。 전지를 다 썼다.

0403 ① **电脑** diànnǎo　　　　　명 컴퓨터.

妈妈要给孩子买一台电脑。
엄마가 아이에게 컴퓨터 한 대를 사주려고 한다.

0404 ① **电视** diànshì　　　　　명 텔레비전.

他家里有一台彩色电视。 그의 집에 칼라 텔레비전 한 대가 있다.

0405 ⑤ **电台** diàntái　　　　　명 방송국.

父母都在广播电台工作。 부모님은 모두 라디오 방송국에서 일하신다.

0406 ③ 电梯 diàntī　　　　　　명 엘리베이터.

我们坐电梯上去。 우리는 엘리베이터를 타고 올라간다.

0407 ① 电影 diànyǐng　　　　　　명 영화.

明天带孩子一起去看电影。 내일 아이를 데리고 같이 영화 보러 간다.

0408 ③ 电子邮件 diànzǐ yóujiàn 명 이메일.

我没有收到电子邮件。 나는 이메일을 받지 않았다.

0409 ⑤ 钓 diào　　　　　　　　동 낚다. 낚시질 하다.

他每个周末都去河边钓鱼。 그는 주말마다 강가로 낚시하러 간다.

0410 ④ 调查 diàochá　　　　　　동 조사하다.

他负责调查这件事儿。 그는 이 일을 조사하는 것을 책임진다.

0411 ④ 掉 diào　　　　　　　　동 떨어지다.

门口的灯掉了。 입구의 등이 떨어졌다.

0412 ⑤ 顶 dǐng　　　　　　　　양 개. 채. (꼭대기가 있는 물건을 세는 데 쓰임)

墙上的那顶帽子不知道是谁的。
벽에 걸려있는 모자가 누구 것인지 모르겠다.

0413 ④ 丢 diū　　　　　　　　　동 잃다. 잃어버리다. 버리다.

钱包丢了。 지갑을 잃어버렸다.

0414 ③ 东 dōng　　　　　　　　명 동쪽. 동방.

韩国在中国的东边。 한국은 중국의 동쪽에 있다.

0415 **1** **东西** dōngxi　　　명 물건. 물품.

他买了很多东西。그는 물건을 많이 샀다.

0416 **3** **冬** dōng　　　명 겨울.

泰山之冬也非常美丽。타이산의 겨울도 아주 아름답다.

0417 **2** **懂** dǒng　　　동 알다. 이해하다.

我不懂你的意思。나는 너의 뜻을 모른다.

0418 **5** **动画片** dònghuàpiàn　　　명 만화 영화.

孩子们都喜欢动画片。아이들은 모두 만화 영화를 좋아한다.

0419 **3** **动物** dòngwù　　　명 동물.

人人都要爱护动物。누구나 다 동물을 애호해야 한다.

0420 **4** **动作** dòngzuò　　　명 동작.

她的动作很好看。그녀의 동작은 아름답다.

0421 **5** **冻** dòng　　　형 얼다. 굳다.

冻死了，快让我进去。얼어 죽겠어, 빨리 내가 들어가게 해줘.

0422 **5** **洞** dòng　　　명 구멍. 굴.

墙上有一个洞。벽에 구멍이 하나 있다.

0423 **1** **都** dōu　　　부 모두. 이미.

我们都是韩国人。우리는 모두 한국인이다.

0424　⑤　**豆腐 dòufu**　　　　　　　　閿 두부.

我不喜欢吃豆腐。나는 두부를 좋아하지 않는다.

0425　⑤　**逗 dòu**　　　　　　　　　동 놀리다. 골리다.
　　　　　　　　　　　　　　　　　　형 재미있다. 우습다.

别逗他了。그를 놀리지 마라.
他说的笑话很逗。그가 말한 농담이 재미있다.

0426　①　**读 dú**　　　　　　　　　　동 읽다. 낭독하다.

请大家一起大声读。다 같이 크게 읽으세요.

0427　⑤　**独立 dúlì**　　　　　　　　동 독립하다. 독자적으로 하다.

每个人都是独立的个体。각자는 다 독립된 개체이다.

0428　⑤　**独特 dútè**　　　　　　　　형 독특하다.

他的设计很独特。그의 설계는 아주 독특하다.

0429　④　**堵车 dǔchē**　　　　　　　동 교통이 꽉 막히다.

前面堵车了。앞에 교통이 꽉 막혔다.

0430　④　**肚子 dùzi**　　　　　　　　閿 배. 복부.

肚子不舒服。배가 아프다.

0431　⑤　**度过 dùguò**　　　　　　　동 (시간을) 보내다. 지내다.

我们一起度过了一段美好的时光。
우리는 함께 아름다운 시절을 보냈다.

0432	3	短 duǎn		형 짧다.

短头发很适合他。 짧은 머리카락이 그에게 잘 어울린다.

0433	4	短信 duǎnxìn		명 문자 메시지.	**L5**

给他发了短信。 그에게 문자 메시지를 보냈다.

0434	3	段 duàn		양 단락. 토막.

那是一段美好的爱情故事。 그것은 한 편의 아름다운 사랑 이야기이다.

0435	5	断 duàn		동 자르다. 끊다.	**L4**

筷子断了就不能使用了。 젓가락이 부러져 쓸 수 없다.

0436	3	锻炼 duànliàn		동 단련하다. 제련하다.

爸爸坚持每天锻炼身体。 아버지께서는 매일 신체단련을 지속하신다.

0437	5	堆 duī		양 무더기. 동 쌓여 있다.

门口有一堆土，不好停车。
문 앞에 흙더미가 하나 있어 주차하기가 쉽지 않다.

事情堆了很多。 일이 많이 쌓였다.

0438	2	对 duì		형 맞다. 옳다.	**L4**

他说对了。 그의 말이 맞다.

0439	2	对 duì		전 ~에게. ~을(를) 향하여.

他对我说：别去了。 그는 내게 가지 말라고 말했다.

0440 5 对比 duìbǐ   圖 대비하다. 대조하다.

把两件事情对比一下。 두 가지 일을 대조해 보세요.

0441 1 对不起 duìbuqǐ   圖 미안합니다. 죄송합니다.

我觉得对不起他。 생각하건대 그의 기대를 저버렸다.

0442 5 对待 duìdài   圖 대응하다. 대처하다.

爸爸像对待亲儿子一样对待他。
아버지는 친아들을 대하듯이 그를 대한다.

0443 5 对方 duìfāng   圆 상대방. 상대편.

我不明白对方的意思。 나는 상대방의 뜻을 모른다.

0444 4 对话 duìhuà   圆 대화.
                             圖 대화하다. (양자 혹은 다자간에) 접촉하다.

两人一起练习英语对话。 두 사람은 함께 영어대화를 연습했다.

两国停战以后，开始对话了。
두 나라는 전쟁을 멈추고, 접촉하기 시작했다.

0445 4 对面 duìmiàn   圆 맞은편. 반대편.

对面是一座大厦。 맞은편은 큰 빌딩이다.

0446 5 对手 duìshǒu   圆 상대. 적수.

对手还没有准备好。 상대는 아직 준비하지 못했다.

0447 5 对象 duìxiàng   圆 결혼 상대. 결혼 대상.

很多人都给他介绍对象。
많은 사람이 다 그에게 결혼 상대를 소개한다.

0448 ④ **对于 duìyú** 〈전〉 ~에 대해(서). ~에 대하여. **L5**

对于这个问题，我还有很多疑问。
이 문제에 대해서, 나는 아직 많은 의문이 있다.

0449 ⑤ **兑换 duìhuàn** 〈동〉 환전하다. **L6**

他去银行兑换钱。 그는 은행에 가서 돈을 환전한다.

0450 ⑤ **吨 dūn** 〈양〉 톤(ton).

进口了十吨玉米。 10톤의 옥수수를 수입했다.

0451 ⑤ **蹲 dūn** 〈동〉 쪼그리고 앉다.

腿太疼，蹲不下来。 다리가 너무 아파서 쪼그려 앉을 수 없다.

0452 ⑤ **顿 dùn** 〈양〉 번. 차례. **L4**

一天要吃三顿饭。 하루 세 끼의 식사를 해야 한다.

0453 ① **多 duō** 〈부〉 얼마나.
〈형〉 (수량이) 많다.

你今年多大岁数了？ 올해 연세가 얼마나 되십니까？
吃得太多了。 너무 많이 먹었다.

0454 ⑤ **多亏 duōkuī** 〈동〉 은혜를 입다. 덕택이다.

多亏你帮忙，我才有今天的成绩。
네가 도와준 덕분에 나는 오늘의 성과를 얻었다.

0455 ③ **多么 duōme** 〈부〉 얼마나.

天是多么蓝啊。 하늘이 얼마나 푸른가.

0456　**1**　多少 duōshao　　　　　ㄷ 얼마. 몇.

今天来了多少人? 오늘 몇 명이나 왔어?

0457　**5**　多余 duōyú　　　　　혱 여분의. 나머지의.

没有一个东西是多余的。 여분의 것이 하나도 없다.

0458　**5**　朵 duǒ　　　　　양 송이. 조각.　　　**L4**

五个女儿好像五朵鲜花。 다섯 명의 딸이 마치 다섯 송이의 꽃과 같다.

0459　**5**　躲藏 duǒcáng　　　　　동 숨다. 피하다.

敌人已经无处躲藏。 적은 이미 숨을 곳이 없다.

E

0460　**5**　恶劣 èliè　　　　　혱 몹시 나쁘다. 열악하다.

天气很恶劣。 날씨가 몹시 나쁘다.

0461　**3**　饿 è　　　　　혱 배고프다.

我很饿。 나는 배고프다.

0462　**4**　儿童 értóng　　　　　명 아동. 어린이.

门口有几名儿童。 입구에 몇 명의 아동이 있다.

0463　**1**　儿子 érzi　　　　　명 아들.

我有一个儿子。 나는 아들이 한 명 있다.

0464 ④ 而 ér   젭 그렇지만. 그러나. 그리고.

他很努力，而弟弟就知道玩儿。
그는 노력하지만, 남동생은 놀기만 좋아한다.

0465 ③ 耳朵 ěrduo   몡 귀.

耳朵听不见了。 귀가 안 들린다.

0466 ⑤ 耳环 ěrhuán   몡 귀고리.   L6

她戴着一副金耳环。 그녀는 금 귀고리 한 쌍을 차고 있다.

0467 ① 二 èr   囹 2. 둘.

二位，快请进。 두 분, 어서 오세요.

新HSK1~5급 **F**

0468 ③ 发 fā   됭 보내다. 건네주다. 발생하다.   L4

妈妈学会发电子邮件了。
엄마께서 이메일 보내는 것을 배우셔서 할 수 있다.

0469 ⑤ 发表 fābiǎo   됭 발표하다.

他的作品发表了。 그의 작품을 발표했다.

0470 ⑤ 发愁 fāchóu   됭 걱정하다. 근심하다. 우려하다.

他在为学费发愁。 그는 학비 때문에 걱정하고 있다.

0471 ⑤ **发达** fādá 　　　　　⑧ 발전시키다.
　　　　　　　　　　　　　　⑧ 발달하다.

这届领导很注意发达经济。
이번 지도자는 경제를 발전시키는 것에 주목한다.

首尔的交通很发达。 서울의 교통이 아주 발달하였다.

0472 ⑤ **发抖** fādǒu 　　　　　⑧ 떨다.

冻得他浑身发抖。 추워서 그는 온몸을 떤다.

0473 ⑤ **发挥** fāhuī 　　　　　⑧ 발휘하다.

他很善于发挥自己的专长。 그는 자신의 특기를 잘 발휘한다.

0474 ⑤ **发明** fāmíng 　　　　　⑧ 발명하다.
　　　　　　　　　　　　　　⑲ 발명.

爱迪生发明了电话。 에디슨은 전화를 발명했다.

最近有什么新发明吗? 요즘 무슨 새로운 발명이 있습니까?

0475 ⑤ **发票** fāpiào 　　　　　⑲ 영수증.

您要不要发票? 당신은 영수증이 필요합니까?

0476 ③ **发烧** fāshāo 　　　　　⑧ 열이 나다.

孩子不发烧了。 아이는 이제 열이 나지 않는다.

0477 ④ **发生** fāshēng 　　　　　⑧ 생기다. 발생하다.

发生什么事儿了? 무슨 일이 발생했습니까?

0478 ③ **发现** fāxiàn 　　　　　⑧ 발견하다. 알아차리다.

我发现了一个洞。 나는 동굴 하나를 발견했다.

0479 5 **发言** fāyán 　　　　　명 발언.
　　　　　　　　　　　　　　동 의견을 발표하다. 발언하다.

今天的发言很精彩。오늘 발언은 훌륭했다.
我要在会议上发言。나는 회의에서 발언할 것이다.

0480 4 **发展** fāzhǎn 　　　　　동 확충하다. 발전하다.

这个国家在大力发展农村经济。
이 나라는 농촌 경제를 대대적으로 확충하고 있다.

0481 5 **罚款** fákuǎn 　　　　　동 위약금을 부과하다.
　　　　　　　　　　　　　　명 벌금.

他因为超速被罚款了。그는 과속해서 벌금을 물었다.
司机去银行交罚款了。운전기사가 은행에 가서 벌금을 냈다.

0482 4 **法律** fǎlǜ 　　　　　명 법률.

如果不遵守国家法律，就会被处罚。
만약 국가의 법률을 지키지 않으면, 처벌을 받게 된다.

0483 5 **法院** fǎyuàn 　　　　　명 법원.

案件已经提交法院了。안건을 이미 법원에 제출했다.

0484 5 **翻** fān 　　　　　동 뒤집다. 열다. 펴다.

碗被打翻了。그릇이 뒤집혔다.

0485 4 **翻译** fānyì 　　　　　동 번역하다. 통역하다.

把这篇文章翻译成韩文。이 문장을 한국어로 번역하시오.

0486 4 **烦恼** fánnǎo 　　　　　형 고민스럽다. 번뇌하다.

孩子的成绩让我很烦恼。 아이의 성적이 나를 고민스럽게 한다.

0487 ⑤ 繁荣 fánróng   혱 (경제나 사업이) 번영하다. 번창하다.

这个地区的经济很繁荣。 이 지역의 경제가 아주 번창하다.

0488 ④ 反对 fǎnduì   통 반대하다.

大家都反对那样做。 모두 그렇게 하는 것을 반대한다.

0489 ⑤ 反而 fǎn'ér   뮈 반대로. 도리어. 오히려.

他不但不感谢我，反而骂我。
그는 내게 감사해 하지 않고, 오히려 나를 욕했다.

0490 ⑤ 反复 fǎnfù   통 거듭하다. 반복하다.

病情不断反复。 병세가 계속 반복된다.

0491 ⑤ 反应 fǎnyìng   통 반응하다. 응답하다.
                            혱 반응. 반향.

老人虽然上了年纪，但是对奶奶的话很快反应。
어르신은 비록 나이가 드셨지만, 할머니의 말씀에는 매우 빨리 반응하신다.

从水里分解出氧气，是化学反应。
물에서 산소를 분해하는 것은 화학반응이다.

0492 ⑤ 反映 fǎnyìng   통 반영하다. 반사하다.   **L4**

他们的意见已经反映上去了。 그들의 의견은 이미 반영되었다.

0493 ⑤ 反正 fǎnzhèng   뮈 아무튼. 어쨌든.

反正已经做完了，休息一下吧。 아무튼 이미 다 끝냈으니 좀 쉬자.

0494 **1** 饭店 fàndiàn 몡 식당. 호텔. **C**

我们去饭店吃饭吧。 우리 식당에 가서 밥 먹자.

0495 **5** 范围 fànwéi 몡 범위. **L4**

艺人的范围很广泛。 예능인의 범위는 아주 넓다.

0496 **5** 方 fāng 혱 사각형의.
몡 쪽. 방(方).

原来人们认为地球是方的。
원래 사람들은 지구가 사각형이라고 생각했다.

釜山在韩国的东南方。 부산은 한국의 동남쪽에 있다.

0497 **5** 方案 fāng'àn 몡 방안.

没有人能提出新的方案。 새로운 방안을 제출할 수 있는 사람이 없다.

0498 **3** 方便 fāngbiàn 혱 편리하다.

首尔的交通很方便。 서울의 교통은 편리하다.

0499 **4** 方法 fāngfǎ 몡 방법. 수단.

你有什么好的方法吗? 당신은 무슨 좋은 방법이 있습니까?

0500 **4** 方面 fāngmiàn 몡 분야. 방면.

这个问题涉及到三个方面。 이 문제는 세 개 분야에 영향을 미친다.

0501 **5** 方式 fāngshì 몡 방법. 방식.

通过一种特殊的方式向他表示感谢。
일종의 특수한 방법을 통해 그에게 감사를 표한다.

0502 ④ **方向** fāngxiàng　　　명 방향.

他迷失了**方向**。 그는 방향을 잃었다.

0503 ⑤ **妨碍** fáng'ài　　　동 방해하다. 지장을 주다.

不要**妨碍**他工作。 그가 일하는 것을 방해하지 마라.

0504 ④ **房东** fángdōng　　　명 집주인.　　　**L5**

我的**房东**很善良。 내 집주인은 아주 선량하다.

0505 ② **房间** fángjiān　　　명 방.

我家有三个**房间**。 우리 집은 방이 세 개가 있다.

0506 ⑤ **仿佛** fǎngfú　　　부 마치 ~인 것 같다.

仿佛又回到了从前。 마치 또다시 이전으로 돌아온 것 같다.

0507 ③ **放** fàng　　　동 놓아주다.

把鸟儿**放**了。 새를 놓아주었다.

0508 ④ **放弃** fàngqì　　　동 포기하다. 버리다.

不要**放弃**自己的理想。 자신의 이상을 포기하지 마라.

0509 ④ **放暑假** fàng shǔjià　　　여름 방학을 하다.

过两天就**放暑假**了。 며칠만 있으면 곧 여름 방학을 한다.

0510 ④ **放松** fàngsōng　　　동 (긴장을) 풀다. 늦추다.　　　**L5**

你应该出去旅游一次，**放松**一下精神。
너는 한 차례 여행을 가서 긴장을 좀 풀어야 한다.

0511 **3** 放心 fàngxīn   图 마음을 놓다. 안심하다.

请父母放心，我会努力的。
부모님 안심하세요. 제가 노력할 거예요.

0512 **1** 飞机 fēijī   图 비행기.

我是昨天坐飞机来的韩国。 나는 어제 비행기를 타고 한국에 왔다.

0513 **5** 非 fēi   图 맞지 않다. ~이(가) 아니다.

这是一种非正常现象。 이것은 비정상적인 현상이다.

0514 **2** 非常 fēicháng   图 대단히. 매우. 아주.

今天非常热。 오늘은 매우 덥다.

0515 **5** 肥皂 féizào   图 비누.

用肥皂洗脸。 비누로 세수한다.

0516 **5** 废话 fèihuà   图 쓸데없는 말.
                                      图 쓸데없는 말을 하다.

不要说废话。 쓸데없는 말을 하지 마라.
你在废话。 너는 쓸데없는 말을 하고 있어.

0517 **3** 分 fēn   图 분.
                                       图 나누다.

他十点三分才来。 그는 10시 3분에야 왔다.
把这个蛋糕分成三份。 이 케이크를 세 조각으로 나눠라.

0518 **5** 分别 fēnbié   图 헤어지다. 이별하다.
                                       图 각각. 따로따로.

两人分别十年了。두 사람이 헤어진 지 10년이 흘렀다.
分别给他们两百块钱。그들에게 각각 200위안을 주어라.

0519 ⑤ **分布** fēnbù   图 분포하다. 널려 있다.

熊猫主要分布在四川。 판다는 주로 쓰촨에 분포하고 있다.

0520 ⑤ **分配** fēnpèi   图 분배하다. 배급하다.

我主张按劳分配。나는 노동에 따라 분배해야 한다고 주장한다.

0521 ⑤ **分手** fēnshǒu   图 헤어지다. 이별하다.   **L6**

交往三个月后他们分手了。사귄 지 3개월 후에 그들은 헤어졌다.

0522 ⑤ **分析** fēnxī   图 분석하다.

他们忙于分析数据。그들은 데이터를 분석하느라고 바쁘다.

0523 ❶ **分钟** fēnzhōng   图 분.

一个小时等于60分钟。한 시간은 60분이다.

0524 ⑤ **纷纷** fēnfēn   图 잇달아. 연달아.

大家纷纷来看望他。 다들 잇달아 그를 방문하러 온다.

0525 ❹ **份** fèn   图 조각. 벌. 세트.
          图 몫. 조각. 부분.

把工作分成四份让四个人做。
업무를 네 개로 나누어 네 명에게 하도록 해라.

这里的东西你也有份。이곳의 물건은 너의 몫도 있다.

0526 ⑤ 奋斗 fèndòu   동 분투하다.

努力奋斗，争取提前完成任务。
노력 분투해서 미리 임무를 완성하려고 힘쓴다.

0527 ④ 丰富 fēngfù   형 풍부하다. 많다.

他的经历很丰富。그의 경력은 아주 풍부하다.

0528 ⑤ 风格 fēnggé   명 스타일. 기질. 풍격.

这不是我的风格。이것은 내 스타일이 아니다.

0529 ⑤ 风景 fēngjǐng   명 풍경. 경치.   **L4**

这里风景很美。이곳의 풍경은 아름답다.

0530 ⑤ 风俗 fēngsú   명 풍속.

这是韩国的风俗。이것은 한국의 풍속이다.

0531 ⑤ 风险 fēngxiǎn   명 위험. 모험.

只有这样才会没有风险。이렇게 해야만 위험이 없다.

0532 ⑤ 疯狂 fēngkuáng   형 미치다.

暴风疯狂地吹着。폭풍이 미친 듯이 불고 있다.

0533 ⑤ 讽刺 fěngcì   동 풍자하다.
                          명 풍자.

别讽刺别人。다른 사람을 풍자하지 마라.
这个是一个绝妙的讽刺。이것은 절묘한 풍자이다.

0534 5 否定 fǒudìng

동 부정하다.

형 부정의. 부정적인.

他的提议被**否定**了。 그의 제의는 부정되었다.

他们都得到了**否定**的答案。 그들은 모두 부정적인 답안을 얻어냈다.

0535 5 否认 fǒurèn

동 부인하다. 부정하다.

我不**否认**我喜欢她。 내가 그녀를 좋아하는 것을 나는 부인하지 않는다.

0536 4 否则 fǒuzé

접 만약 그렇지 않으면.

快走吧，**否则**就迟到了。 빨리 가자. 그렇지 않으면 지각한다.

0537 5 扶 fú

동 (손으로) 부축하다. 일으키다.

扶一下过马路的老人。 큰 길을 건너는 어르신을 부축해 드리자.

0538 2 服务员 fúwùyuán

명 종업원.

她在饭店当**服务员**。 그녀는 호텔에서 종업원으로 일한다.

0539 5 服装 fúzhuāng

명 복장. 의류.

服装很漂亮，很适合你。 옷이 아주 예쁘고 네게 잘 맞아.

0540 4 符合 fúhé

동 부합하다. 들어맞다.

这样说话不**符合**你的身份。 이렇게 말하는 것은 네 품위에 맞지 않아.

0541 5 幅 fú

양 (옷감. 그림. 종이 등을 세는 단위) 폭.

一**幅**山水画帖在门上。 산수화 한 폭이 문에 걸려 있다.

0542 5 辅导 fǔdǎo

동 (학습을 도우며) 지도하다.

爸爸**辅导**儿子做作业。 아버지는 아들이 숙제하는 것을 돕는다.

0543 ④ **父亲** fùqīn 　　　　　명 부친. 아버지.

我**父亲**来了。제 부친께서 오셨습니다.

0544 ④ **付款** fùkuǎn 　　　　　동 돈을 지불하다. **L5**

我明天会**付款**的。나는 내일 돈을 지불할 것이다.

0545 ⑤ **妇女** fùnǚ 　　　　　명 부녀자. 여성.

现代社会**妇女**能顶半边天。현대사회는 여성이 절반의 역할을 감당한다.

0546 ④ **负责** fùzé 　　　　　동 책임지다.

这件事我不**负责**。이 일은 내가 책임지지 않는다.

0547 ③ **附近** fùjìn 　　　　　형 가까운.
　　　　　　　　　　　　　명 근처. 부근.

附近的建筑很漂亮。근처의 건축물이 예쁘다.
我家就在**附近**。우리 집은 바로 근처에 있다.

0548 ③ **复习** fùxí 　　　　　동 복습하다.

孩子**复习**功课，别大声说话。
아이가 수업 내용을 복습하니, 큰 소리로 말하지 마라.

0549 ④ **复印** fùyìn 　　　　　동 복사하다.

把这份文件**复印**一下。이 문서를 좀 복사하세요.

0550 ④ **复杂** fùzá 　　　　　형 복잡하다.

事情越来越**复杂**。일이 점점 복잡해진다.

0551 ⑤ **复制** fùzhì 　　　　　동 복제하다.

成功是不可以复制的。성공은 복제할 수 없다.

0552 ④ 富 fù　　　　　　　　　형 풍부하다. 부유하다.

他们家很富。그들 집은 부유하다.

0553 ④ 改变 gǎibiàn　　　　　동 변하다. 바뀌다.

事情已经无法改变了。일이 이미 바꿀 수 없게 되었다.

0554 ⑤ 改革 gǎigé　　　　　　동 개혁하다.
　　　　　　　　　　　　　명 개혁.

改革旧制度，制定新制度。
낡은 제도를 개혁하고, 새로운 제도를 제정하다.

一场改变国家命运的改革开始了。
국가 운명을 바꾸려는 개혁이 한 차례 시작되었다.

0555 ⑤ 改进 gǎijìn　　　　　　동 개선하다. 개량하다.

这个方法需要改进。이 방법은 개선이 필요하다.

0556 ⑤ 改善 gǎishàn　　　　　동 개선하다.

环境已经有了很大改善。환경에 이미 많은 개선이 있었다.

0557 ⑤ 改正 gǎizhèng　　　　　동 (잘못·착오를) 개정하다.

他要勇于改正错误。그는 과감히 잘못을 고치려고 한다.

| 0558 | 5 | 盖 gài | 명 덮개. 뚜껑. |
| | | | 동 덮다. 뒤덮다. |

井jǐng盖不见了。우물 덮개가 안 보인다.
睡觉要盖好被子。잠을 자려면 이불을 잘 덮어야 한다.

| 0559 | 5 | 概括 gàikuò | 동 개괄하다. 요약하다. |

概括一下本文的中心思想。본문의 핵심사상을 좀 요약하세요.

| 0560 | 5 | 概念 gàiniàn | 명 개념. |

解释一下这个概念。이 개념을 좀 해석하세요.

| 0561 | 4 | 干杯 gānbēi | 동 건배하다. |

为我们的成功，干杯! 우리의 성공을 위해, 건배!

| 0562 | 5 | 干脆 gāncuì | 부 아예. 차라리. |

干脆俩人都别去了。차라리 두 사람 다 가지 마세요.

| 0563 | 3 | 干净 gānjìng | 형 깨끗하다. |

房间里很干净。방 안이 깨끗하다.

| 0564 | 5 | 干燥 gānzào | 형 건조하다. | **L4** |

空气很干燥。공기가 너무 건조하다.

| 0565 | 4 | 赶 gǎn | 동 뒤쫓다. 추적하다. 서두르다. | **N** |

赶一下房间里的苍蝇cāngying。방 안의 파리를 좀 내쫓아 주세요.

| 0566 | 5 | 赶紧 gǎnjǐn | 부 어서. 서둘러. 재빨리. |

赶紧出发，别迟到。 어서 출발하자, 늦게 않게.

0567 ⑤ **赶快** gǎnkuài 　　　　图 재빨리. 황급히.

赶快过来吃饭吧。 어서 와서 밥 먹어라.

0568 ④ **敢** gǎn 　　　　조통 감히 ~하다. **L3**

我不**敢**一个人去。 나는 감히 혼자서 못 가겠다.

0569 ④ **感动** gǎndòng 　　　　통 감동하다. 감동하게 하다.

他的话让我很**感动**。 그의 말에 나는 감동했다.

0570 ⑤ **感激** gǎnjī 　　　　통 감격하다.

非常**感激**你对我的帮助。 네가 나를 도와준 것에 매우 감격했어.

0571 ④ **感觉** gǎnjué 　　　　통 느끼다.
　　　　　　　　　　　　　　　　명 느낌. 감각.

我**感觉**到他很生气。 나는 그가 아주 화가 났음을 직감했다.
这次面试的**感觉**很好。 이번 면접의 느낌이 좋다.

0572 ③ **感冒** gǎnmào 　　　　명 감기.

他得了**感冒**。 그는 감기에 걸렸다.

0573 ④ **感情** gǎnqíng 　　　　명 감정.

我已经对他没有**感情**了。 나는 이미 그에게 감정이 없다.

0574 ⑤ **感受** gǎnshòu 　　　　통 느끼다. 감수하다.

他已经**感受**不到疼痛了。 그는 이미 아픈 것을 느끼지 못했다.

0575 5 感想 gǎnxiǎng 　　　　명 소감. 감상.

谈谈你对这件事的感想。이 일에 대한 당신의 소감을 말해보세요.

0576 4 感谢 gǎnxiè 　　　　동 감사하다. 고맙다.

感谢你对我的帮助。당신이 제게 준 도움에 감사합니다.

0577 3 感兴趣 gǎn xìngqù 　　관심이 있다. 흥미가 있다. Ⓒ

我对乒乓球很感兴趣。나는 탁구에 매우 흥미가 있다.

0578 4 干 gàn 　　　　동 하다.

你干什么工作? 너는 무슨 일을 하니?

0579 5 干活儿 gànhuór 　　　　동 일하다.

快干活儿吧。빨리 일을 해라.

0580 4 刚 gāng 　　　　부 방금. 막. Ⓒ

我刚来。나는 방금 왔다.

0581 3 刚才 gāngcái 　　　　명 방금. 막.

刚才去厕所了。방금 화장실에 갔어.

0582 5 钢铁 gāngtiě 　　　　명 강철.

那是一家钢铁制造厂。저기는 강철 제조 공장이다.

0583 2 高 gāo 　　　　형 (높이가) 높다.

他个子很高。그는 키가 크다.

0584	⑤	高档 gāodàng	형 고급의. 상등의.

这家餐厅很**高档**。이 식당은 고급이다.

0585	⑤	高级 gāojí	형 (품질 또는 수준 등이) 고급인. **L4**

他的汉语是**高级**水平。그의 중국어는 고급 수준이다.

0586	④	高速公路 gāosù gōnglù	명 고속도로. **L5**

一条**高速公路**穿过那个国家。고속도로 하나가 그 나라를 관통한다.

0587	①	高兴 gāoxìng	형 기쁘다. 즐겁다.

我现在很**高兴**。나는 지금 기쁘다.

0588	⑤	搞 gǎo	동 하다. 처리하다.

你**搞**什么鬼？무슨 꿍꿍이야?

0589	⑤	告别 gàobié	동 고별하다.

告别了亲人去上学。가족에게 작별 인사를 하고 학교에 갔다.

0590	②	告诉 gàosu	동 말하다. 알리다.

告诉他我来了。그에게 내가 왔다고 알려라.

0591	②	哥哥 gēge	명 오빠. 형.

她有两个**哥哥**。그녀는 두 명의 오빠가 있다.

0592	④	胳膊 gēbo	명 팔. **L5**

胳膊很疼。팔이 아프다.

0593	5	**格外** géwài	图 특별히. 각별히.

今天的天气**格外**好。 오늘 날씨는 특별히 좋다.

0594	5	**隔壁** gébì	명 이웃집. 옆집.

他住在我家**隔壁**。 그는 우리 옆집에 산다.

0595	1	**个** gè	양 개. 사람.

两**个**人一起干会很快的。 두 명이 함께 하면 빠를 것이다.

0596	5	**个别** gèbié	형 일부의. 개개의. 개별적인. 극소수의.

个别同学还没有交作业。 일부 학생은 아직 숙제를 제출하지 않았다.

0597	5	**个人** gèrén	명 개인.

这是**个人**的，不是集体的。 이것은 개인의 것이지, 단체의 것이 아니다.

0598	5	**个性** gèxìng	명 개성.

这个人很有**个性**。 이 사람은 아주 개성이 있다.

0599	3	**个子** gèzi	명 (사람의) 키.	**L4**

他**个子**不高。 그는 키가 크지 않다.

0600	4	**各** gè	대 각. 여러.

各看**各**的，别打架。 각자 자신의 것을 봐, 다투지 말고.

0601	5	**各自** gèzì	대 각자. 제각기.

各自收拾自己的东西。 각자 자신의 물건을 정리해라.

0602 **2** **给** gěi　　　　　　图 주다.
　　　　　　　　　　　　전 ~에게.

给他一些钱。그에게 돈을 좀 줘라.
借给我一本书。내게 책 한 권을 빌려줘.

0603 **5** **根** gēn　　　　　　양 가닥. 개. 대.

筷子少了一根，没办法用了。젓가락이 하나 부족해서 사용할 수 없다.

0604 **5** **根本** gēnběn　　　　　부 전혀. 도무지.

我根本不知道他的名字。나는 전혀 그의 이름을 모른다.

0605 **3** **根据** gēnjù　　　　　명 근거.
　　　　　　　　　　　　전 ~에 의거하여.

这样做是没有根据。이렇게 하는 것은 근거가 없다.
根据这个事情，你可以知道他不爱你。
이 일에 근거하여, 너는 그가 너를 사랑하지 않는다는 것을 알 수 있다.

0606 **3** **跟** gēn　　　　　　전 ~와(과).
　　　　　　　　　　　　图 따라가다.

我跟他一起去。나는 그와 같이 간다.
别跟着我。나를 따라오지 마.

0607 **3** **更** gèng　　　　　　부 더욱. 더.

明天会更热。내일은 더 더울 것이다.

0608 **5** **工厂** gōngchǎng　　　명 공장.

他在工厂工作。그는 공장에서 일한다.

G

0609 ⑤ **工程师** gōngchéngshī　명 엔지니어.

他是软件工程师。 그는 소프트웨어 엔지니어다.

0610 ⑤ **工具** gōngjù　명 도구. 공구.　**L4**

语言是一种工具。 언어는 일종의 도구이다.

0611 ⑤ **工人** gōngrén　명 노동자.

工人们已经下班了。 노동자들은 이미 퇴근했다.

0612 ⑤ **工业** gōngyè　명 공업.

工业化的同时要注意环境保护。
공업화와 동시에 환경보호에 신경 써야 한다.

0613 ④ **工资** gōngzī　명 월급. 임금.

今天发工资了。 오늘 월급이 나왔다.

0614 ① **工作** gōngzuò　명 직업. 일자리.
　　　　　　　　　　　동 일하다. 작업하다.

你是做什么工作的? 너는 무슨 일을 하니?
昨天一直工作到晚上十点。 어제 계속해서 저녁 10시까지 일했다.

0615 ⑤ **公布** gōngbù　동 공포하다.

明天公布正确答案。 내일 정확한 답안을 공포한다.

0616 ② **公共汽车** gōnggòng qìchē　명 버스.

我每天坐公共汽车上班。 나는 매일 버스를 타고 출근하다.

0617 ③ **公斤** gōngjīn　양 킬로그램(kg).　**L2**

这三公斤鱼才三十块钱。이 3킬로그램의 물고기가 겨우 30위안이다.

0618 5 **公开** gōngkāi 　　　형 공개적인.

他们的关系已经公开了。그들의 관계는 이미 공개되었다.

0619 4 **公里** gōnglǐ 　　　명 킬로미터(km).

一口气跑了三公里。단숨에 3킬로미터를 달렸다.

0620 5 **公平** gōngpíng 　　　형 공평하다.

要公平交易，不要捣鬼dǎoguǐ。
공평하게 교역해야지, 음모를 꾸며서는 안 된다.

0621 2 **公司** gōngsī 　　　명 회사.

他在公司上班。그는 회사에 출근한다.

0622 5 **公寓** gōngyù 　　　명 아파트.

我住在学校的单身教师公寓。나는 학교에 있는 독신 아파트에 산다.

0623 5 **公元** gōngyuán 　　　명 서기.

他出生于公元1988年。그는 서기 1988년에 출생했다.

0624 3 **公园** gōngyuán 　　　명 공원.

孩子们在公园玩儿。아이들이 공원에서 논다.

0625 5 **公主** gōngzhǔ 　　　명 공주.

她是我们王国的公主。그녀는 우리 왕국의 공주이다.

0626 ④ 功夫 gōngfu　　　　　　　명 시간.　　　　　　　　　　**L5**

一眨眼的**功夫**他就不见了。 눈 깜짝할 새에 그가 사라졌다.

0627 ⑤ 功能 gōngnéng　　　　　명 기능. 효능.

这个机器有很多**功能**。 이 기계는 많은 기능이 있다.

0628 ⑤ 恭喜 gōngxǐ　　　　　　　동 축하하다.　　　　　　　　**N**

恭喜您儿子考上北大啊。
댁의 아드님이 베이징대학에 붙은 것을 축하해요.

0629 ④ 共同 gòngtóng　　　　　형 공통의. 공동의.

地球是大家**共同**的家园。 지구는 모두의 공통된 집이다.

0630 ⑤ 贡献 gòngxiàn　　　　　동 바치다. 공헌하다.
　　　　　　　　　　　　　　　명 공헌.

为祖国**贡献**自己的青春。 조국을 위해 자신의 청춘을 바치다.
为祖国做**贡献**。 조국을 위해 공헌을 한다.

0631 ⑤ 沟通 gōutōng　　　　　　동 교류하다. 소통하다.

我去和他们**沟通**一下。 나는 가서 그들과 잠시 교류하려 한다.

0632 ① 狗 gǒu　　　　　　　　　명 개.

老人养了一条大**狗**。 어르신께서 큰 개 한마리를 키우셨다.

0633 ⑤ 构成 gòuchéng　　　　　동 이루다. 구성하다.

这个房子由五层楼**构成**。 이 집은 5층 건물로 이루어져 있다.

0634 ④ 购物 gòuwù　　　　　　　동 물건을 사다.

我今天下午去购物了。나는 오늘 오후에 물건을 사러 갔다.

0635 ④ **够** gòu

⑤ (필요한 수량이나 기준 등을) 만족시키다.
⑨ 제법. 꽤.

够了**够**了，别再拿了。됐어, 됐어, 더 이상은 들지 마라.
这个**够**大的了。이것은 제법 크다.

0636 ④ **估计** gūjì

⑤ 추측하다.

我**估计**他今天不会来了。내가 추측컨데, 그는 오늘 오지 않을 것이다.

0637 ⑤ **姑姑** gūgu

⑲ 고모.

今天去**姑姑**家吃饭。오늘 밥 먹으러 고모 집에 간다.

0638 ⑤ **姑娘** gūniang

⑲ 처녀. 아가씨.

车上坐着一个**姑娘**。차에 아가씨 한 명이 앉아 있다.

0639 ⑤ **古代** gǔdài

⑲ 고대.

古代历史很有意思。고대 역사는 아주 재미있다.

0640 ⑤ **古典** gǔdiǎn

⑲ 고전적.

古典音乐让他着迷zháomí。고전 음악이 그를 빠져들게 한다.

0641 ⑤ **股票** gǔpiào

⑲ 주식.

股票市场很不平静。주식 시장이 아주 평온하지 못하다.

0642 ⑤ **骨头** gǔtou

⑲ 뼈.

他喜欢啃kěn**骨头**。그는 뼈를 뜯어 먹는 것을 좋아한다.

0643 4 鼓励 gǔlì   동 격려하다.

老师鼓励大家努力学习。
선생님은 모두 열심히 노력하라고 격려하신다.

0644 5 鼓舞 gǔwǔ   동 격려하다. 고무하다.

听了他的报告，大家都很受鼓舞。
그의 보고를 듣고, 모두들 고무되었다.

0645 5 鼓掌 gǔzhǎng   동 손뼉을 치다. 박수하다.   **L4**

大家一起鼓掌欢迎。 모두 다 같이 손뼉을 치며 환영한다.

0646 5 固定 gùdìng   형 고정되다.

他没有固定工作。 그는 고정적인 직업이 없다.

0647 3 故事 gùshi   명 이야기.

爷爷在给孩子们讲故事。
할아버지는 아이들에게 이야기해주고 계신다.

0648 4 故意 gùyì   부 일부러. 고의로.

我不是故意弄丢的。 내가 일부러 잃어버린 것은 아니다.

0649 4 顾客 gùkè   명 고객. 손님.

今天顾客不多。 오늘 고객이 많지 않다.

0650 3 刮风 guāfēng   동 바람이 불다.

外面在刮风。 밖에 바람이 불고 있다.

0651 4 挂 guà   동 걸다.

把灯挂在门口。등을 입구에 걸어라.

0652 ⑤ **挂号** guàhào   동 등록하다. 접수시키다.

大家都在挂号。모두 다 등록하고 있다.

0653 ⑤ **乖** guāi   형 (어린 아이가) 얌전하다. 착하다.

孩子们都很乖。아이들은 다 말을 잘 듣는다.

0654 ⑤ **拐弯** guǎiwān   동 방향을 틀다. 굽이(커브)를 돌다.

汽车在前面拐弯后就看不见了。
자동차는 앞에서 방향을 튼 이후에 바로 사라졌다.

0655 ⑤ **怪不得** guàibude   부 어쩐지. 과연.

怪不得好久不见他了，原来他出差了。
어쩐지 그가 오랫동안 안 보인다 했더니, 출장을 갔었구나.

0656 ③ **关** guān   동 닫다. 덮다.

把门关上。문을 닫아주세요.

0657 ⑤ **关闭** guānbì   동 닫다.

所有的商店都关闭了。모든 상점이 모두 닫혔다.

0658 ④ **关键** guānjiàn   동 관건.

这是事情的关键。이것은 사건의 관건이다.

0659 ③ **关系** guānxi   명 관계.
                               동 관계하다.

多年以来他们一直保持良好关系。
여러 해 동안 그들은 줄곧 좋은 관계를 유지하고 있다.

这件事情关系到你的未来。이 일은 너의 미래와 관계되어 있다.

0660 ③ **关心** guānxīn   동 관심을 두다. 관심을 기울이다.

父母总是关心子女的生活。 부모는 항상 자녀의 생활에 관심을 둔다.

0661 ③ **关于** guānyú   전 ~에 관하여.

今天讨论关于奖学金的问题。 오늘은 장학금 문제에 관해서 토론한다.

0662 ⑤ **观察** guānchá   동 관찰하다. 살피다.

认真观察才能得到与众不同的答案。
진지하게 관찰해야만 남과 다른 답을 얻어낼 수 있다.

0663 ⑤ **观点** guāndiǎn   명 관점. 견해.

大家都发表一下自己的观点。 모두 자신의 관점을 발표해 보세요.

0664 ⑤ **观念** guānniàn   명 관념. 생각.

那是一种旧观念。 그것은 일종의 낡은 관념이다.

0665 ④ **观众** guānzhòng   명 관중. 구경꾼. 시청자.

观众们都看得很入迷。 관중들이 모두 보다가 빠져 버렸다.

0666 ⑤ **官** guān   명 관료. 장교.

他是个当官的。 그는 관료이다.

0667 ⑤ **冠军** guànjūn   명 우승자. 챔피언. 우승.

他是上次比赛的冠军。 그는 지난 번 시합의 우승자이다.

0668 ④ **管理** guǎnlǐ   동 관리하다. 보관하고 처리하다.

他一个人管理四个部门。 그는 혼자서 네 개 부문을 관리한다.

0669 ⑤ **管子** guǎnzi　　　　　명 파이프. 관. 호스.

水**管子**破了。 물 파이프가 파손되었다.

0670 ④ **光** guāng　　　　　부 단지. 다만.
　　　　　　　　　　　명 광선. 빛.
　　　　　　　　　　　동 벗다. 드러내다.

不能**光**吃肉。 단지 고기만 먹어서는 안 된다.
太阳**光**很强。 태양광선이 강하다.
孩子们**光**着身子跑来跑去。
아이들이 발가벗고 이리저리 뛰어다닌다.

0671 ⑤ **光滑** guānghuá　　　　형 매끈매끈하다.

下雪了, 路上很**光滑**。 눈이 내려서 길이 아주 미끄럽다.

0672 ⑤ **光临** guānglín　　　　동 왕림하다. 광림하시다.

欢迎**光临**。 환영합니다.

0673 ⑤ **光明** guāngmíng　　　　형 밝다. 환하다.

前途一片**光明**。 앞길이 온통 환하다.

0674 ⑤ **光盘** guāngpán　　　　명 시디(CD). 콤팩트디스크.

这本书有五张**光盘**。 이 책에 다섯 장의 시디가 있다.

0675 ④ **广播** guǎngbō　　　　동 방송하다.
　　　　　　　　　　　명 (라디오) 방송. 방송 프로그램.

收音机在**广播**寻人启事。 라디오에서 구인광고를 방송하고 있다.
我爱听英语**广播**。 나는 영어 라디오 방송 듣는 것을 좋아한다.

0676 ⑤ 广场 guǎngchǎng 　　명 광장.

天安门广场是最大的广场之一。
천안문 광장은 가장 큰 광장 중의 하나이다.

0677 ⑤ 广大 guǎngdà 　　형 광대하다. 크고 넓다.

广大人民群众的力量是无穷的。
거대한 인민 군중의 힘은 무궁무진하다.

0678 ⑤ 广泛 guǎngfàn 　　형 폭넓다. 광범(위)하다.

他的爱好很广泛。 그의 취미는 매우 폭넓다.

0679 ④ 广告 guǎnggào 　　명 광고.

电视上有很多广告。 텔레비전에는 많은 광고가 있다.

0680 ④ 逛 guàng 　　동 돌아다니다. 구경하다.

逛商场很累人。 상점을 돌아다니는 것(쇼핑)은 사람을 지치게 한다.

0681 ⑤ 归纳 guīnà 　　동 귀납하다. 종합하다. **L6**

把会议内容归纳一下。 회의 내용을 귀납해 보세요.

0682 ④ 规定 guīdìng 　　동 규정하다. 정하다.
　　　　　　　　　　　　명 규정. 규칙.

学校规定学生绝对晚上十二点以后不能脱离宿舍。
학교는 학생이 밤 12시 이후에는 절대 기숙사를 벗어날 수 없다고 규정하고 있다.
遵守学校的规定。 학교의 규정을 준수해라.

0683 ⑤ 规矩 guīju 　　명 규정. 법칙.

没有规矩，不成方圆。 규정이 없으면 일을 이룰 수 없다.

0684	5	规律 guīlǜ	명 법칙. 규율.

按规律办事。 법칙에 따라 일을 처리하다.

0685	5	规模 guīmó	명 규모. 형태.

运动会规模很大。 운동회 규모가 크다.

0686	5	规则 guīzé	명 규칙. 규정.

我们不能忽视事情发展的规则。
우리는 사건이 확대되는 규칙을 소홀히 할 수 없다.

0687	5	柜台 guìtái	명 계산대. 카운터.

到柜台交款。 계산대에서 돈을 내다.

0688	2	贵 guì	형 비싸다.

那件衣服很贵。 그 옷은 비싸다.

0689	5	滚 gǔn	동 구르다. 뒹굴다.

泪水滚了下来。 눈물이 흘러내렸다.

0690	5	锅 guō	명 솥. 냄비. 가마.

把水放进锅里。 물을 솥에 넣다.

0691	4	国籍 guójí	명 (사람의) 국적.	L5

他拥有韩国国籍。 그는 한국 국적을 가지고 있다.

0692	4	国际 guójì	명 국제.

校长去参加国际会议了。 교장 선생님께서 국제회의에 참가하러 가셨다.

| 0693 | 3 | 国家 guójiā | 명 나라. 국가. |

世界上有很多国家。세계에는 많은 나라가 있다.

| 0694 | 5 | 国庆节 Guóqìng Jié | 명 국경절[10월 1일]. |

明天是国庆节。 내일은 국경절이다.

| 0695 | 5 | 国王 guówáng | 명 국왕. | **N** |

国王去世了。국왕이 돌아가셨다.

| 0696 | 5 | 果然 guǒrán | 부 과연. 아니나다를까. | **L4** |

第二天果然下了很大的雪。다음날 아니나다를까 많은 눈이 내렸다.

| 0697 | 5 | 果实 guǒshí | 명 과실. |

树上长满了果实。나무에 과실이 가득 열렸다.

| 0698 | 4 | 果汁 guǒzhī | 명 과일즙. | **L3** |

他爱喝果汁。그는 과일즙 마시기를 좋아한다.

| 0699 | 3 | 过 guò | 동 가다. 건너다. | **L4** |

过马路时要小心。대로를 건널 때는 조심해야 한다.

| 0700 | 4 | 过程 guòchéng | 명 과정. |

计算过程很复杂。계산 과정이 복잡하다.

| 0701 | 5 | 过分 guòfèn | 동 지나치다. 분에 넘치다. 과분하다. |

你做得太过分了。네가 한 것이 너무 지나치다.

0702 ⑤ **过敏** guòmǐn 〔동〕 알레르기 반응을 나타내다.

我对花粉**过敏**。 나는 꽃가루에 알레르기 반응이 있다.

0703 ⑤ **过期** guòqī 〔동〕 기한을 넘기다. 기일이 지나다.

这盒药已经**过期**了。 이 약은 이미 기일이 지났다.

0704 ③ **过去** guòqù 〔명〕 과거.
〔동〕 지나가다.

不能忘记**过去**。 과거를 잊을 수 없다.
刚才有个人走**过去**了。 방금 누군가 걸어서 지나갔다.

0705 ② **过** guo 〔조〕 ～한 적이 있다. (어떤 동작이나 변화가
일찍이 발생하였음을 나타냄)

我去**过**中国。 나는 중국에 간 적이 있다.

0706 ⑤ **哈** hā 〔감〕 거봐!. 아하!. 오!.
〔의성〕 하하. (크게 웃는 소리)

哈，下雨了。 거봐, 비가 오잖아.
哈哈，你真逗。 하하, 너 정말 웃긴다.

0707 ② **还** hái 〔부〕 역시. 아직. 또.

他**还**不知道这件事儿。 그는 아직 이 일을 모른다.

0708 **3** 还是 háishi 　　　　　图 또는. 아니면.
　　　　　　　　　　　　　　　图 여전히. 아직.

你今天来还是明天来? 너는 오늘 오니, 내일 오니?
她还是老样子。그녀는 여전히 예전 모습 그대로다.

0709 **2** 孩子 háizi 　　　　　图 아이. 어린이.

他有三个孩子。그는 세 명의 아이가 있다.

0710 **5** 海关 hǎiguān 　　　　　图 세관.

我刚过海关你就打来电话了。
내가 방금 세관을 통과하는데 네가 전화를 걸어왔어.

0711 **5** 海鲜 hǎixiān 　　　　　图 해산물. 해물.

父母都很喜欢吃海鲜。 부모님은 모두 해산물 먹는 것을 좋아하신다.

0712 **4** 海洋 hǎiyáng 　　　　　图 해양. 바다.

韩国三面是海洋。한국의 삼면은 바다이다.

0713 **3** 害怕 hàipà 　　　　　图 겁내다. 두려워하다.

他说的话让我很害怕。그가 말하는 것은 나를 두렵게 한다.

0714 **4** 害羞 hàixiū 　　　　　图 수줍어하다. 부끄러워하다.

新娘害羞着走进了婚礼场。
신부는 수줍어하며 결혼식장에 걸어들어 갔다.

0715 **4** 寒假 hánjià 　　　　　图 겨울 방학.

学校放寒假了。학교는 겨울 방학을 했다.

| 0716 | 5 | 喊 hǎn | 동 소리치다. 외치다. |

别在这里大声喊。 여기에서 큰 소리치지 마라.

| 0717 | 1 | 汉语 Hànyǔ | 명 중국어. 한어. |

他很喜欢学习汉语。 그는 중국어 배우는 것을 아주 좋아한다.

| 0718 | 4 | 汗 hàn | 명 땀. |

一天出了很多汗。 하루에 많은 땀을 흘렸다.

| 0719 | 5 | 行业 hángyè | 명 직업. 직종. 업종. |

教师是受人尊敬的行业。 교사는 사람들의 존경을 받는 직업이다.

| 0720 | 4 | 航班 hángbān | 명 항공편. 운항편. |

一天有几个航班。 하루에 몇 개의 항공편이 있다.

| 0721 | 5 | 豪华 háohuá | 형 호화스럽다. 사치스럽다. |

他们坐的客车很豪华。 그들이 탄 객차는 아주 호화롭다.

| 0722 | 1 | 好 hǎo | 형 좋다. |

两个人关系很好。 두 사람의 관계가 좋다.

| 0723 | 2 | 好吃 hǎochī | 형 맛있다. 맛나다. |

妈妈做的饭很好吃。 엄마가 해주신 밥은 아주 맛있다.

| 0724 | 4 | 好处 hǎochu | 명 혜택. 은혜. 장점. |

这样做有很多好处。 이렇게 하면 많은 혜택이 있다.

0725 ⑤ 好客 hàokè　　　　　　　　⑱ 손님 접대를 좋아하다. 손님을 좋아하다.

L6

韩国人都很好客。　한국인은 다들 손님접대를 좋아한다.

0726 ⑤ 好奇 hàoqí　　　　　　　　⑱ 호기심을 갖다.

我很好奇他为什么这么做。
나는 그가 왜 이렇게 하는지 매우 궁금하다.

0727 ④ 好像 hǎoxiàng　　　　　　　⑭ 마치 ~와(과) 같다.

天好像要下雨了。 하늘에서 마치 비가 올 것 같다.

0728 ① 号 hào　　　　　　　　　　⑲ 번호.

L2

你的座位是几号？ 네 좌석은 몇 번이야?

0729 ④ 号码 hàomǎ　　　　　　　⑲ 번호. 숫자.

你告诉我你的电话号码。 내게 너의 전화번호를 알려줘.

0730 ① 喝 hē　　　　　　　　　　⑧ 마시다.

请喝一杯果汁吧。 과일 주스 한 잔 마셔요.

0731 ⑤ 合法 héfǎ　　　　　　　　⑱ 법에 맞다. 합법적이다.

这种做法不合法。 이런 방법은 불법이다.

0732 ④ 合格 hégé　　　　　　　　⑱ 규격에 맞다. 합격이다.

所有产品都合格。 모든 상품이 다 규격에 맞다.

0733 ⑤ 合理 hélǐ　　　　　　　　⑱ 합리적이다.

这种解释很不合理。 이런 해석은 불합리하다.

0734 **4** **合适** héshì 　　　　　 혭 적합하다. 적당하다. 알맞다.

这样做很不**合适**。 이렇게 하는 것은 적합하지 않다.

0735 **5** **合同** hétong 　　　　　 몡 계약서.

那本书的**合同**到期了。 그 책의 계약서는 날짜가 다 되었다.

0736 **5** **合影** héyǐng 　　　　　 몡 함께 찍은 사진. 단체사진.

墙上挂着两个人的**合影**。 벽에 두 사람이 함께 찍은 사진이 걸려 있다.

0737 **5** **合作** hézuò 　　　　　 동 협력하다. 합작하다.

俩人**合作**得很愉快。 두 사람은 매우 즐겁게 협력한다.

0738 **5** **何必** hébì 　　　　　 뷰 ～할 필요가 있는가.

何必这样生气? 이렇게 화 낼 필요가 있는가?

0739 **5** **何况** hékuàng 　　　　　 졉 더군다나. 하물며.

你都不会，**何况**一个孩子呢。 너도 못하는데 하물며 어린아이야.

0740 **1** **和** hé 　　　　　 졉 ～와(과).

我**和**他一起去。 나와 그가 같이 간다.

0741 **5** **和平** hépíng 　　　　　 몡 평화.

人类是渴望kěwàng**和平**，没有一个人喜欢战争。
인류는 평화를 갈망하지, 전쟁을 좋아하는 사람은 한 명도 없다.

0742 **5** **核心** héxīn 　　　　　 몡 핵심.

他是公司的**核心**人物。 그는 회사의 핵심인물이다.

0743 ④ **盒子** hézi 　　　　　　　　　명 작은 상자. 합. 곽.

盒子里有生日蛋糕。 작은 상자 안에 생일 케이크가 들어 있다.

0744 ② **黑** hēi 　　　　　　　　　형 검다. 까맣다.

他的皮肤很**黑**。 그의 피부는 검다.

0745 ③ **黑板** hēibǎn 　　　　　　　명 칠판.

黑板上有一行字。 칠판에 한 줄의 글자가 쓰여 있다.

0746 ① **很** hěn 　　　　　　　　　부 아주. 매우. 대단히.

今天**很**冷。 오늘 아주 춥다.

0747 ⑤ **恨** hèn 　　　　　　　　　동 원망하다. 증오하다.

我现在不但不爱他，而且很**恨**他。
나는 지금 그를 좋아하지 않을 뿐만 아니라, 증오한다.

0748 ② **红** hóng 　　　　　　　　　형 붉다. 빨갛다.

她突然脸**红**了。 그녀는 갑자기 얼굴이 붉어졌다.

0749 ⑤ **猴子** hóuzi 　　　　　　　명 원숭이. 　　　**L4**

山上有两只**猴子**。 산에 원숭이 두 마리가 있다.

0750 ⑤ **后背** hòubèi 　　　　　　　명 등. 　　　　**N**

爸爸的**后背**很宽大。 아빠의 등은 아주 넓다.

0751 ⑤ **后果** hòuguǒ 　　　　　　명 (주로 안 좋은) 결과.

你这样做的**后果**很严重。 네가 이렇게 만든 결과는 아주 심각하다.

0752 🔟 **后悔** hòuhuǐ   图 후회하다.

我很**后悔**没上博士。 나는 박사과정을 하지 않는 것이 후회스럽다.

0753 🔟 **后来** hòulái   명 그 후. 그 뒤. 그다음.   **L4**

后来的事情我就不记得了。 그 뒤의 일을 나는 기억하지 못 한다.

0754 🔟 **后面** hòumiàn   명 뒤. 뒤쪽. 뒷면.

房子**后面**是一片空地。 집 뒤는 공터이다.

0755 🔟 **厚** hòu   형 두껍다. 두텁다.

被子很**厚**。 이불이 두껍다.

0756 🔟 **呼吸** hūxī   图 호흡하다.

出来**呼吸**一下新鲜空气。 나와서 신선한 공기를 한번 마셔라.

0757 🔟 **忽然** hūrán   图 갑자기.   **L4**

忽然下起雨来。 갑자기 비가 내리기 시작한다.

0758 🔟 **忽视** hūshì   图 소홀히 하다. 등한시 하다.

不能**忽视**小细节。 세세한 부분을 소홀히 하면 안 된다.

0759 🔟 **胡说** húshuō   图 헛소리하다. 함부로 지껄이다.

别**胡说**了，他根本不姓张。
헛소리하지 마, 그는 원래 장 씨가 아니야.

0760 🔟 **胡同** hútòng   명 골목.

他拐进了一条小**胡同**。 그는 좁은 골목 하나로 꺾어 들어갔다.

0761　5　壶 hú　　　　　　　　명 항아리. 주전자.

他一口气喝了一壶开水。 그는 끓인 물 한 주전자를 단숨에 마셨다.

0762　5　糊涂 hútu　　　　　　형 어리석다. 멍청하다.

他现在很糊涂。 그는 요즘 아주 어리석다.

0763　5　蝴蝶 húdié　　　　　　명 나비.

花上落着两只蝴蝶。 꽃 위에 나비 두 마리가 내려 앉았다.

0764　4　互联网 hùliánwǎng　　명 인터넷.　　　　　　L6

他不熟悉互联网。 그는 인터넷에 익숙하지 않다.

0765　4　互相 hùxiāng　　　　　부 서로. 상호.

俩人互相认识。 두 사람은 서로 안다.

0766　4　护士 hùshi　　　　　　명 간호사.

妈妈是一名护士。 엄마는 간호사이시다.

0767　3　护照 hùzhào　　　　　명 여권.

孩子把护照丢了。 아이가 여권을 잃어버렸다.

0768　3　花 huā　　　　　　　명 꽃.　　　　　　　　C

春天是花的季节。 봄은 꽃의 계절이다.

0769　5　花生 huāshēng　　　　명 땅콩.

我种了很多花生。 나는 땅콩을 많이 심었다.

0770 ③ 花 huā   图 소비하다. 쓰다.

她花了很多钱。그녀는 많은 돈을 소비했다.

0771 ⑤ 华裔 huáyì   명 화교. 외국의 중국인 후예(자손).

美国有很多华裔。미국에는 화교가 많다.

0772 ⑤ 滑 huá   형 미끄럽다.
                                     동 미끄러지다. **C**

小心路滑。길이 미끄러우니 조심하세요.
滑了一下，摔倒了。미끄러져서 넘어졌다.

0773 ⑤ 化学 huàxué   명 화학.

很多化学公式都不记得了。많은 화학 공식을 다 기억해내지 못했다.

0774 ⑤ 划 huá   동 베다. 긋다. 배를 젓다. **C**

手上划了一个口子。손에 상처가 하나 났다.

0775 ③ 画 huà   동 그림을 그리다.

老师要求每个人画一只小鸟。
선생님께서 각자 작은 새 한 마리를 그리도록 요구했다.

0776 ⑤ 话题 huàtí   명 화제. 논제.

换个话题吧。화제를 바꾸자.

0777 ⑤ 怀念 huáiniàn   동 회상하다. 추억하다.

我总是怀念小学老师。나는 줄곧 초등학교 선생님을 회상한다.

H

0778 ④ **怀疑 huáiyí**　　　⑧ 추측하다. 의심하다.

我**怀疑**他今天没去。내가 추측하건데 그는 오늘 가지 않았을 거야.

0779 ⑤ **怀孕 huáiyùn**　　　⑧ 임신하다.　　　**L6**

妻子**怀孕**了。아내가 임신했다.

0780 ③ **坏 huài**　　　⑲ 나쁘다.

这个人很**坏**。이 사람은 나쁘다.

0781 ③ **欢迎 huānyíng**　　　⑧ 환영하다.　　　**L2**

欢迎您的光临。당신의 왕림을 환영합니다.

0782 ③ **还 huán**　　　⑧ 돌아가다. 돌려주다. 반환하다.

孩子去图书馆**还**书。아이가 도서관에 책을 반납하러 간다.

0783 ③ **环境 huánjìng**　　　⑲ 환경.

学生们需要好的学习**环境**。학생들은 좋은 학습환경이 필요하다.

0784 ⑤ **缓解 huǎnjiě**　　　⑧ (정도가) 완화되다. 호전되다.

为了**缓解**病痛，她吃了许多止疼药。
통증을 완화하기 위해서, 그녀는 많은 마취약을 먹었다.

0785 ⑤ **幻想 huànxiǎng**　　　⑲ 환상. 공상. 몽상.

那是**幻想**，不可能成为现实。그것은 환상이야, 실현될 수 없어.

0786 ③ **换 huàn**　　　⑧ 교환하다.

我一直想**换**工作。나는 줄곧 직업을 바꾸고 싶었어.

0787 5 **慌张 huāngzhāng** 📗 당황하다. 쩔쩔매다.

他看上去很慌张。 그는 매우 당황스러워 보인다.

0788 3 **黄河 Huáng Hé** 📗 황허.(중국의 강 이름) **N**

黄河是中国的母亲河。 황허는 중국의 젖줄이다.

0789 5 **黄金 huángjīn** 📗 황금.

黄金价格越来越贵。 황금 가격이 점점 올라간다.

0790 5 **灰 huī** 📗 재.

北京的天总是灰蒙蒙的，很少出现蓝天。
북경의 날씨는 항상 희뿌옇고, 푸른 하늘이 거의 없다.

0791 5 **灰尘 huīchén** 📗 먼지.

桌子上有很多灰尘。 책상에 먼지가 많다.

0792 5 **灰心 huīxīn** 📗 낙담하다. 낙심하다.

别灰心，继续努力，你会成功的。
낙심하지 말고 계속 노력하면, 너는 성공할 수 있어.

0793 5 **恢复 huīfù** 📗 회복하다. 회복되다.

身体慢慢儿恢复了。 건강이 천천히 회복되었다.

0794 5 **挥 huī** 📗 휘두르다. 흔들다. 내두르다.

他冲我挥了挥手，就走了。 그는 나를 향해서 손을 흔들고 바로 갔다.

0795 1 **回 huí** 📗 되돌아가다. 되돌리다.

他已经回家去了。 그는 이미 집으로 돌아갔다.

0796 ③ 回答 huídá　　動 대답하다. 회답하다.　　**L2**

回答下列问题。아래에 열거한 문제에 답하다.

0797 ④ 回忆 huíyì　　動 회상하다. 추억하다.

我常回忆起和他一起的时光。
나는 그와 같이 한 시절을 자주 회상한다.

0798 ⑤ 汇率 huìlǜ　　名 환율.

汇率很不好。환율이 좋지 않다.

0799 ① 会 huì　　動 만나다. 능숙하다.

昨天老王没有会女朋友。어제 라오왕은 여자친구를 못 만났다.

0800 ③ 会议 huìyì　　名 회의.

会议定在明天下午。회의는 내일 오후로 결정되었다.

0801 ⑤ 婚礼 hūnlǐ　　名 결혼식. 혼례.

我每个月参加朋友的婚礼。나는 매달 친구의 결혼식에 참가한다.

0802 ⑤ 婚姻 hūnyīn　　名 혼인. 결혼.

一段不幸的婚姻让他不再相信爱情。
얼마 간의 불행한 결혼은 그가 다시는 사랑을 믿지 않도록 했다.

0803 ④ 活动 huódòng　　動 몸을 움직이다. 운동하다. 활동하다.

出去活动一下。나가서 몸을 좀 움직이세요.

0804 ④ 活泼 huópō　　形 활발하다.

他的性格很活泼。그의 성격은 아주 활발하다.

| 0805 | 5 | 活跃 huóyuè | 형 활동적이다. 활기 있다. |

他在班里很**活跃**。 그는 반에서 매우 활동적이다.

| 0806 | 4 | 火 huǒ | 명 불. 화염. |

着火了，快来救**火**啊。 불이야, 빨리 와서 불을 꺼주세요.

| 0807 | 5 | 火柴 huǒchái | 명 성냥. |

现在已经很难见到**火柴**了。 지금은 이미 성냥을 찾아보기가 어렵다.

| 0808 | 2 | 火车站 huǒchēzhàn | 명 기차역. | **L1** |

马上就到**火车站**了。 곧 기차역에 도착한다.

| 0809 | 5 | 伙伴 huǒbàn | 명 친구. 동료. 동반자. |

他是我儿时的**伙伴**。 그는 내 어릴 적 친구이다.

| 0810 | 5 | 或许 huòxǔ | 부 아마. 어쩌면. | **L6** |

或许他已经来了。 아마 그가 이미 왔을 것이다.

| 0811 | 3 | 或者 huòzhě | 접 ~이든가 아니면 ~이다. |

今天**或者**明天去。 오늘 아니면 내일 간다.

| 0812 | 4 | 获得 huòdé | 동 얻다. 취득하다. |

他**获得**了冠军。 그는 우승을 거머쥐었다.

H

J

0813 **3** 几乎 jīhū   및 거의.

我几乎不认识他。 나는 그를 잘 모른다.

0814 **2** 机场 jīchǎng   명 공항. 비행장.

安全到达仁川机场。 안전하게 인천공항에 도착했다.

0815 **3** 机会 jīhuì   명 기회.

抓住这个好机会。 이 좋은 기회를 잡아라.

0816 **5** 机器 jīqì   명 기기. 기계.

他会修理各种机器。 그는 각종 기기를 수리할 줄 안다.

0817 **5** 肌肉 jīròu   명 근육.

他长着一身肌肉。 그는 온몸에 근육이 생겼다.

0818 **2** 鸡蛋 jīdàn   명 계란.

我不爱吃鸡蛋。 나는 계란을 좋아하지 않는다.

0819 **4** 积极 jījí   형 적극적이다. 열성적이다.

他回答问题很积极。 그는 문제에 대한 대답에 매우 적극적이다.

0820 **4** 积累 jīlěi   동 쌓이다. 누적되다.

积累经验后就可以编写教材了。
경험이 쌓이면 교재를 집필할 수 있다.

0821 5 **基本 jīběn** 휑 기본의. 기본적인.

他连基本常识都不懂。 그는 기본적인 상식도 모른다.

0822 4 **基础 jīchǔ** 명 기초.

要从一年级打好基础。 1학년부터 기초를 잘 다져야 한다.

0823 4 **激动 jīdòng** 동 흥분하다. 감격하다. 감동하다.

他现在很激动。 그는 지금 아주 흥분했다.

0824 5 **激烈 jīliè** 휑 격렬하다. (감정이) 충동적이다.

双方争夺得很激烈。 쌍방이 격렬하게 다툰다.

0825 5 **及格 jígé** 동 합격하다.

这次考试没有及格。 이번 시험에 합격하지 못했다.

0826 4 **及时 jíshí** 휑 시기적절하다.
부 즉시. 곧바로.

来得很及时。 매우 시기적절하게 왔다.
及时告诉他。 곧바로 그에게 알려주세요.

0827 4 **即使 jíshǐ** 젭 설령 ～하더라도.

即使你不给我，我也会去要的。
설령 네가 나에게 주지 않더라도, 내가 가서 달라고 할 거야.

0828 3 **极 jí** 부 아주. 극히.

孩子们都高兴极了。 아이들은 모두 대단히 기뻤했다.

0829 **5** 极其 jíqí 　　　　　　　　　🔲 아주. 　　　　　　　**L4**

天气**极其**恶劣。 날씨가 아주 나쁘다.

0830 **5** 急忙 jímáng 　　　　　　　　🔲 급히. 황급히.

他**急忙**跑了过去。 그는 급히 뛰어갔다.

0831 **5** 急诊 jízhěn 　　　　　　　　🔲 응급 진료. 급진. 　　　**N**

现在只能去看**急诊**。 지금은 응급진료를 갈 수밖에 없다.

0832 **5** 集合 jíhé 　　　　　　　　　🔲 집합하다. 　　　　　**L4**

让大家去广场**集合**。 다들 광장으로 집합하게 해.

0833 **5** 集体 jítǐ 　　　　　　　　　　🔲 단체. 집단.

我住**集体**宿舍。 나는 단체 숙소에 거주한다.

0834 **5** 集中 jízhōng 　　　　　　　🔲 집중하다. 모으다.

外面很吵，我无法**集中**精力。
바깥이 너무 시끄러워서, 나는 정신을 집중할 수가 없다.

0835 **1** 几 jǐ 　　　　　　　　　　🔲 몇.

你家有**几**口人？ 너네 식구가 몇 명이니?

0836 **4** 计划 jìhuà 　　　　　　　　🔲 계획. 기획.

按照**计划**行事。 계획에 따라 일을 처리한다.

0837 **5** 计算 jìsuàn 　　　　　　　🔲 계산하다. 산출하다. 셈하다.

你**计算**一下你一共来了几天。
당신이 총 며칠이나 왔는지 계산 좀 해보세요.

0838 **3** 记得 jìde 　　　　　　　　동 기억하고 있다.

我不**记得**我说过这样的话。
나는 내가 이런 말을 했던 것을 기억하지 못 한다.

0839 **5** 记录 jìlù 　　　　　　　　동 기록하다.

本子上**记录**了你和我说过的话。
노트에 당신과 내가 한 말을 기록했다.

0840 **5** 记忆 jìyì 　　　　　　　　동 기억하다.

过去的事情我都**记忆**不住了。 과거의 일을 나는 모두 기억 못 한다.

0841 **4** 记者 jìzhě 　　　　　　　　명 기자.

他是一名**记者**。 그는 기자이다.

0842 **5** 纪录 jìlù 　　　　　　　　명 기록.
　　　　　　　　　　　　　　　　　동 기록하다.

她打破了跳高世界**纪录**。 그녀는 높이뛰기 세계기록을 깼다.

把她的想法在一张纸上**纪录**下来。
그녀의 생각을 종이 한 장에 기록했다.

0843 **5** 纪律 jìlù 　　　　　　　　명 기율.

违反**纪律**就要被罚。 기율을 어기면 처벌 받아야 한다.

0844 **5** 纪念 jìniàn 　　　　　　　　동 기념하다.
　　　　　　　　　　　　　　　　　명 기념품. 기념물.

学校用开酒会的方式**纪念**教师节。
학교는 간단한 연회로 교사의 날을 기념했다.

我把这个留着当做**纪念**。 나는 이것을 기념품으로 삼아 보관한다.

0845 ④ **技术** jìshù   뗑 기술.

他打算学习一门技术。 그는 기술 하나를 배우려고 한다.

0846 ⑤ **系领带** jì lǐngdài   넥타이를 매다.

我到现在都不会系领带。 나는 지금까지도 넥타이를 맬 줄 모른다.

0847 ③ **季节** jìjié   뗑 계절. 철. 절기.

一年有四个季节。 일 년에 사계절이 있다.

0848 ④ **既然** jìrán   젭 ~된 바에야. ~한 이상.

既然已经决定了，就去做吧。
이왕 이미 결정된 바에야, 바로 가서 하세요.

0849 ④ **继续** jìxù   똥 계속하다.

战争仍在继续。 전쟁은 여전히 지속 중이다.

0850 ⑤ **寂寞** jìmò   휑 외롭다.

我每天都很寂寞。 나는 날마다 외롭다.

0851 ④ **寄** jì   똥 우편으로 부치다. 보내다.

给儿子寄一些东西。 아들에게 물건을 좀 보내다.

0852 ④ **加班** jiābān   똥 초과 근무를 하다.

我们每天都加班。 우리는 날마다 초과 근무를 한다.

0853 ④ **加油站** jiāyóuzhàn   뗑 주유소.

前面有一个加油站。 앞쪽에 주유소가 하나 있다.

0854 ⑤ **夹子 jiāzi** 뗑 집게. 끼우게.

给我们一个夹子。 우리에게 집게를 하나 주세요.

0855 ① **家 jiā** 뗑 집.

来我家玩儿吧。 우리 집에 놀러 와.

0856 ④ **家具 jiājù** 뗑 가구.

买了一套新家具，就把旧的扔了。
새로운 가구 한 세트를 사고서는 낡은 것은 바로 버렸다.

0857 ⑤ **家庭 jiātíng** 뗑 가정.

幸福的家庭里长大的孩子心理都很健康。
행복한 가정에서 자란 어린이는 심리적으로 아주 건강하다.

0858 ⑤ **家务 jiāwù** 뗑 집안일.

他最讨厌做家务。 그는 집안 일하는 것을 가장 싫어한다.

0859 ⑤ **家乡 jiāxiāng** 뗑 고향.

我爱我的家乡。 나는 내 고향을 사랑한다.

0860 ⑤ **嘉宾 jiābīn** 뗑 귀빈.

今天请来了三位嘉宾。 오늘 세 분의 귀빈을 모셔 왔다.

0861 ⑤ **甲 jiǎ** 뗑 갑.

这是一个甲级词。 이것은 갑급 단어이다.

0862 ④ **假 jiǎ** 혱 가짜의. 거짓의.

那个苹果是假的。 저 사과는 가짜이다.

0863 ⑤ **假如** jiǎrú 　　　　　　접 가령. 만약. 만일.

假如你不去，他也不会去。
만약 네가 가지 않으면, 그도 가지 않을 것이다.

0864 ⑤ **假设** jiǎshè 　　　　　　명 가설. 가정.
　　　　　　　　　　　　　　　동 가정하다.
　　　　　　　　　　　　　　　　　　　　　L6

我们作另一种**假设**。 우리는 또다른 가설을 만든다.
他**假设**自己的理论正确。 그는 자신의 이론이 옳다고 가정한다.

0865 ⑤ **假装** jiǎzhuāng 　　　　동 (짐짓) ~인체하다. 가장하다.

他**假装**不认识我。 그는 나를 모른 체한다.

0866 ④ **价格** jiàgé 　　　　　　명 가격. 값.

钻石zuànshí的**价格**很昂贵ángguì。
다이아몬드의 가격은 아주 비싸다.

0867 ⑤ **价值** jiàzhí 　　　　　　명 가치.

这本书没有参考**价值**。 이 책은 참고할 만한 가치가 없다.

0868 ⑤ **驾驶** jiàshǐ 　　　　　　동 운전하다.

他**驾驶**着自己的汽车在高速公路上行驶。
그는 자신의 자동차를 운전해서 고속도로를 달린다.

0869 ⑤ **嫁** jià 　　　　　　　　동 시집가다. 출가하다.

她**嫁**给了一位有钱人。 그녀는 돈 있는 사람에게 시집갔다.

0870 ④ **坚持** jiānchí 　　　　　동 견지하다. 고수하다.

坚持真理，不迷信权力。 진리를 견지하고, 권력을 맹신하지 않는다.

0871 ⑤ **坚决** jiānjué 　　　　　⟨형⟩ 단호하다. 결연하다.

坚决不同意你的意见。 네 의견에 단호히 동의하지 않는다.

0872 ⑤ **坚强** jiānqiáng 　　　　　⟨형⟩ 강경하다. 굳세다.

妈妈一向很**坚强**。 엄마는 줄곧 강경하시다.

0873 ⑤ **肩膀** jiānbǎng 　　　　　⟨명⟩ 어깨.

肩膀有点儿疼。 어깨가 좀 아프다.

0874 ⑤ **艰巨** jiānjù 　　　　　⟨형⟩ 어렵고 힘들다.

任务很**艰巨**。 임무가 어렵고 힘들다.

0875 ⑤ **艰苦** jiānkǔ 　　　　　⟨형⟩ 어렵고 고달프다.

生活很**艰苦**。 생활이 아주 어렵고 고달프다.

0876 ⑤ **兼职** jiānzhí 　　　　　⟨동⟩ 겸직하다. 　　　**L6**

他**兼职**做两份工作。 그는 두 가지 일을 겸직한다.

0877 ⑤ **捡** jiǎn 　　　　　⟨동⟩ 줍다.

他在路上**捡**了二十块钱。 그는 길에서 20위안을 주웠다.

0878 ③ **检查** jiǎnchá 　　　　　⟨동⟩ 검사하다. 조사하다.

老师**检查**了学生的作业。 선생님은 학생들의 숙제를 검사했다.

0879 ④ **减肥** jiǎnféi 　　　　　⟨동⟩ 살을 빼다. 감량하다.

女孩子们都很喜欢**减肥**。
여자아이들은 모두 다이어트를 아주 좋아한다.

0880 4 **减少 jiǎnshǎo** 동 줄이다. 감소하다. 줄다.

要尽量减少损失。 되도록 손실을 줄여야 한다.

0881 5 **剪刀 jiǎndāo** 명 가위.

妈妈的针线筐kuāng里有一把剪刀。
엄마의 반짇고리에 가위 하나가 있다.

0882 3 **简单 jiǎndān** 형 간단하다. 단순하다.

道理很简单，做起来很难。 도리는 간단하나 하기는 어렵다.

0883 5 **简历 jiǎnlì** 명 이력서. 약력.

我已经提交了自己的简历。 나는 이미 본인의 이력서를 제출했다.

0884 5 **简直 jiǎnzhí** 부 그야말로. 너무나.

我简直太激动了。 나는 그야말로 너무 흥분됐다.

0885 3 **见面 jiànmiàn** 동 만나다. 대면하다.

有三年没有见他的面了。 3년동안 그를 만나지 못했다.

0886 2 **件 jiàn** 양 건. 개.

我今天要去办一件大事儿。
나는 오늘 큰 일 한 건을 처리하러 가려고 한다.

0887 5 **建立 jiànlì** 동 건립하다. 창설하다.
동 맺다. 형성하다. 세우다.

我们要在这里建立一个王国。
우리는 이곳에 새로운 왕국 하나를 세우려고 한다.

俩人建立了深厚的友谊。 두 사람은 깊은 우정을 맺었다.

0888 ⑤ **建设** jiànshè 图 건설하다. 세우다.

新政府致力于建设新农村。
신정부는 새로운 농촌을 건설하는데 힘쓴다.

0889 ④ **建议** jiànyì 图 제안하다. 건의하다. **L5**

她建议了把蛋糕分成四份。 그녀는 케이크를 4등분 할 것을 제안했다.

0890 ⑤ **建筑** jiànzhù 图 건축물.

一座高大的建筑耸立sǒnglì在海边。
높고 큰 건축물 하나가 해변에 우뚝 솟아 있다.

0891 ③ **健康** jiànkāng 图 건강하다.

建康的身体最重要。 건강한 신체가 가장 중요하다.

0892 ⑤ **健身** jiànshēn 图 (신체를) 건강하게 하다. 튼튼하게 하다. **C**

他每天上班后去健身了。 그는 매일 퇴근 후에 헬스하러 간다.

0893 ⑤ **键盘** jiànpán 图 키보드.

我换了一个新键盘。 나는 키보드를 새것으로 교체했다.

0894 ④ **将来** jiānglái 图 장래. 미래.

为了将来的事情，做好准备。 장래의 일을 위해 준비를 잘하자.

0895 ③ **讲** jiǎng 图 말하다. 이야기하다.

爷爷给孩子们讲了故事。 할아버지께서 아이들에게 이야기를 해주셨다.

| 0896 | 5 | 讲究 jiǎngjiu | 동 중요시하다. ~에 신경 쓰다. |
| | | | 명 의의. 의미. |

他很**讲究**吃和穿。 그는 먹고 입는 것을 중요시 한다.
这样做有什么**讲究**吗？ 이렇게 하는 것에는 어떤 의의가 있죠?

| 0897 | 5 | 讲座 jiǎngzuò | 명 강좌. |

明天学校里有一个关于诗歌的**讲座**。
내일 학교에서 시가에 관한 강좌가 하나 있다.

| 0898 | 4 | 奖金 jiǎngjīn | 명 상금. 상여금. |

他获得了**奖金**。 그는 상금을 탔다.

| 0899 | 4 | 降低 jiàngdī | 동 낮추다. 내리다. |

我们不能**降低**要求。 우리는 요구를 낮출 수 없다.

| 0900 | 4 | 降落 jiàngluò | 동 착륙하다. 내려오다. **L5** |

飞机**降落**在仁川机场。 비행기가 인천공항에 착륙한다.

| 0901 | 5 | 酱油 jiàngyóu | 명 간장. |

妈妈买了一瓶**酱油**。 엄마는 간장 한 병을 샀다.

| 0902 | 4 | 交 jiāo | 동 사귀다. 왕래하다. |

我**交**了几个新朋友。 나는 몇 명의 새로운 친구를 사귀었다.

| 0903 | 5 | 交换 jiāohuàn | 동 교환하다. |

俩人**交换**了联系方式。 두 사람은 연락방법을 교환했다.

0904 ⑤ 交际 jiāojì   뗑 교제.

他不愿意参与交际活动。 그는 사교활동에 참여하고 싶어하지 않는다.

0905 ④ 交流 jiāoliú   뗭 서로 소통하다. 교류하다.

两个学校经常互相交流。 두 학교는 자주 서로 교류를 한다.

0906 ④ 交通 jiāotōng   뗑 교통.

首尔的交通很发达。 서울의 교통은 잘 발달되어 있다.

0907 ⑤ 交往 jiāowǎng   뗭 왕래하다. 교제하다.
                                  뗑 왕래. **L6**

俩人交往三年后结婚了。 두 사람은 3년을 사귄 후 결혼했다.
我和他没有交往。 나와 그는 왕래가 없다.

0908 ④ 郊区 jiāoqū   뗑 도시의 변두리. **L5**

首尔郊区有很多山。 서울 변두리에는 산이 많다.

0909 ⑤ 浇 jiāo   뗭 물을 대다. 관개하다.

给花儿浇点儿水。 꽃에 물을 좀 주세요.

0910 ④ 骄傲 jiāo'ào   뼹 거만하다. 오만하다.
                                  뼹 자랑스럽다. 뽐내다.

他很骄傲自大。 그는 거만하고 우쭐댄다.
你为自己骄傲吗? 너는 스스로 자랑스럽니?

0911 ⑤ 胶水 jiāoshuǐ   뗑 풀.

你出去买点胶水吧。 너 나가서 풀을 좀 사와라.

0912 ③ 教 jiāo   图 가르치다.

我在学校教汉语。 나는 학교에서 중국어를 가르친다.

0913 ③ 角 jiǎo   图 뿔.

牛有两只角。 소는 두 개의 뿔이 있다.

0914 ⑤ 角度 jiǎodù   图 각도.

这个角度很好。 이 각도는 좋다.

0915 ⑤ 狡猾 jiǎohuá   혱 교활하다. 간교하다.

敌人很狡猾。 적은 아주 교활하다.

0916 ④ 饺子 jiǎozi   图 교자. 만두.

我喜欢吃饺子。 나는 교자 먹는 것을 좋아한다.

0917 ③ 脚 jiǎo   图 발.

他的脚很大。 그의 발은 크다.

0918 ① 叫 jiào   图 (~라고) 하다. 부르다.

你叫什么名字? 네 이름이 뭐니?

0919 ⑤ 教材 jiàocái   图 교재.

还有几个学生没买教材。 아직 몇 명의 학생이 교재를 사지 않았다.

0920 ⑤ 教练 jiàoliàn   图 감독. 코치.

他是新来的教练。 그는 새로 온 감독이다.

0921 ② **教室** jiàoshì 　　　명 교실.

今天在教室上课。오늘은 교실에서 수업한다.

0922 ④ **教授** jiàoshòu 　　　명 교수.

大家都喜欢王教授。모두 왕 교수를 좋아한다.

0923 ⑤ **教训** jiàoxùn 　　　동 꾸짖다. 교훈하다. 가르치고 타이르다.

他被老师教训了一顿。그는 선생님께 한 차례 혼났다.

0924 ④ **教育** jiàoyù 　　　명 교육.
　　　　　　　　　　　　동 교육하다.

他一直研究幼儿教育。그는 줄곧 유아 교육을 연구한다.
教育孩子非常辛苦。아이를 교육하는 것은 아주 힘들다.

0925 ⑤ **阶段** jiēduàn 　　　명 단계. 계단.

这个事情分三个阶段进行。이 일은 세 개의 단계로 나누어 진행된다.

0926 ⑤ **结实** jiēshi 　　　동 튼튼하다. 단단하다. 견고하다.

老人的身体很结实。어르신의 신체가 아주 튼튼하다.

0927 ③ **接** jiē 　　　동 잇다. 연결하다.

接下来，学习第二单元。계속해서 제2단원을 학습하자.

0928 ⑤ **接触** jiēchù 　　　동 접촉하다. 닿다.

现代社会我们每天都要接触新鲜事物。
현대사회에서 우리는 날마다 새로운 사물을 접촉하게 된다.

0929 **5** 接待 jiēdài   圄 접대하다. 영접하다.

妈妈**接待**远方来的客人。 엄마는 멀리서 온 손님을 접대하신다.

0930 **5** 接近 jiējìn   圄 가까이하다. 접근하다.
                                              톙 비슷하다. 가깝다. 접근해 있다.

她是难以**接近**的人。 그녀는 가까이하기 어려운 사람이다.
这里的自然环境和我老家很**接近**。
이곳의 자연환경과 우리 고향은 아주 비슷하다.

0931 **4** 接受 jiēshòu   圄 받아들이다. 받다.

她不同意**接受**治疗。 그녀는 치료받기를 거부한다.

0932 **4** 接着 jiēzhe   튄 이어서. 연이어.   **L5**

接着发生了很多事情。 연이어 많은 일이 발생했다.

0933 **3** 街道 jiēdào   명 거리. 가두.

首尔的**街道**很干净。 서울의 거리는 아주 깨끗하다.

0934 **4** 节 jié   명 기념일. 관절.
                                          圄 절약하다.
                                          양 수업시간.   **L5**

明天是儿童**节**。 내일은 어린이날이다.
要注意**节**电。 절전에 유의해야 한다.
今天有四**节**课。 오늘은 네 시간의 수업이 있다.

0935 **3** 节目 jiémù   명 프로그램.

电视上播放了一个新**节目**。
텔레비전에서 새로운 프로그램을 방영했다.

0936 ③ **节日 jiérì** 명 명절. 경축일.

儿童节是孩子们的**节日**。 어린이날은 아이들의 명절이다.

0937 ⑤ **节省 jiéshěng** 동 아끼다. 절약하다.

听了他的话，我们**节省**了很多钱。
그의 말을 듣고, 우리는 많은 돈을 절약했다.

0938 ④ **节约 jiéyuē** 동 절약하다.

居委会提倡大家**节约**用水。
주민 위원회에서 모두에게 물을 절약하라고 제창했다.

0939 ⑤ **结构 jiégòu** 명 구조.

那种机器内部**结构**复杂。 그런 종류의 기계 내부는 구조가 복잡하다.

0940 ④ **结果 jiéguǒ** 명 결과.

结果还没有出来。 결과는 아직 나오지 않았다.

0941 ⑤ **结合 jiéhé** 동 결합하다.

他住在**结合**城市和农村的地方。
그는 도시와 농촌을 결합한 지역에 산다.

0942 ③ **结婚 jiéhūn** 동 결혼하다.

他们**结婚**三年了。 그들은 결혼한 지 3년이 되었다.

0943 ⑤ **结论 jiélùn** 명 결론.

现在还不能下**结论**。 지금도 아직 결론이 나지 않았다.

J

0944 **3** 结束 jiéshù   图 끝나다. 마치다.

事情还没有结束。 일이 아직 끝나지 않았다.

0945 **5** 结账 jiézhàng   图 계산하다.

我来结账。 제가 계산할게요.

0946 **2** 姐姐 jiějie   명 누나. 언니.

她是我亲姐姐。 그녀는 나의 친언니이다.

0947 **3** 解决 jiějué   图 해결하다.

难题还没有解决。 난제가 아직 해결되지 않았다.

0948 **4** 解释 jiěshì   图 설명하다. 해석하다. 해명하다.

解释一下这个词的意思。 이 단어의 뜻을 설명하세요.

0949 **2** 介绍 jièshào   图 소개하다.

经理介绍了他们俩认识。 사장님은 그들 두 사람이 알도록 소개했다.

0950 **5** 戒 jiè   图 (좋지 못한 습관을) 끊다. 중단하다. **C**

戒烟很难，很多人都想戒但是戒不掉。
담배를 끊는 것이 어려워서 많은 사람이 끊으려고 하나 끊지 못한다.

0951 **5** 戒指 jièzhi   명 반지.

他手上戴着戒指。 그는 손에 반지를 끼고 있다.

0952 **5** 届 jiè   양 회(回). 기(期). 차(次).
                                     图 (예정된 때에) 이르다.

我参加过第二届博览会。 나는 제2회 박람회에 참가한 적이 있다.

届时你一定要来啊。 그때가 되면 너는 반드시 와야 한다.

0953 **3** 借 jiè　　　　　　　　동 빌리다.

去图书馆借两本书。 도서관에 가서 책 두 권을 빌린다.

0954 **5** 借口 jièkǒu　　　　　명 구실. 핑계.
　　　　　　　　　　　　　　동 구실로 삼다.

别找借口了。 핑계 대지 마세요.

我借口很忙，就没有去。 나는 바쁜 것을 구실로 삼아 가지 않았다.

0955 **1** 今天 jīntiān　　　　　명 오늘.

今天星期五。 오늘은 금요일이다.

0956 **5** 金属 jīnshǔ　　　　　명 금속.

金属元素有七十种左右。 금속 원소는 70종 내외가 있다.

0957 **4** 尽管 jǐnguǎn　　　　　접 비록 ~지만. ~에도 불구하고.
　　　　　　　　　　　　　　부 얼마든지. 마음대로.

尽管我不会说汉语，但是我明白他的意思了。
비록 나는 중국어를 할 줄 모르지만, 나는 그의 뜻을 이해했다.

你尽管说，别担心。 너는 얼마든지 말해, 걱정하지 말고.

0958 **5** 尽快 jǐnkuài　　　　　부 되도록 빨리.　　**L6**

你等一下，我尽快过去。 잠깐 기다려, 내가 되도록 빨리 갈게.

0959 **5** 尽力 jìnlì　　　　　　동 전력을 다하다.

别担心，我会尽力帮你。
걱정하지 마, 내가 전력을 다해 너를 도울 거야.

0960	5	**尽量** jǐnliàng	图 가능한 한.

明天尽量早点来。 내일 가능한 한 일찍 와라.

0961	5	**紧急** jǐnjí	휑 긴박하다. 긴급하다.

情况很紧急。 상황이 긴박하다.

0962	4	**紧张** jǐnzhāng	휑 불안하다. 긴장해 있다.

表情很紧张。 표정이 불안하다.

0963	5	**谨慎** jǐnshèn	휑 신중하다. 조심스럽다.

做事应该很谨慎。 일 처리는 신중해야 한다.

0964	2	**进** jìn	동 (밖에서 안으로) 들다.

进去拿一本书出来。 들어가서 책 한 권을 들고 나와라.

0965	5	**进步** jìnbù	동 진보하다. 휑 진보적이다.

他的汉语水平进步得很多。 그의 중국어 실력이 많이 진보했다.
他的观念很进步。 그의 관념은 아주 진보적이다.

0966	5	**进口** jìnkǒu	동 수입하다.

这部车是日本进口货。 이 차는 일본에서 수입한 제품이다.

0967	4	**进行** jìnxíng	동 진행하다.

工作进行得很顺利。 일이 매우 순조롭게 진행되었다.

0968	2	**近** jìn	휑 가깝다. 짧다.

两家距离很近。두 집 거리가 가깝다.

0969 ⑤ **近代** jìndài   몡 근대. 근세.

中国近代历史是中国的耻辱chǐrǔ历史。
중국 근대사는 중국의 치욕적인 역사이다.

0970 ④ **禁止** jìnzhǐ   동 금지하다. 불허하다.

这里禁止抽烟。이곳에서는 흡연 금지이다.

0971 ④ **京剧** jīngjù   몡 경극.

我喜欢看京剧。나는 경극관람을 좋아한다.

0972 ③ **经常** jīngcháng   뮈 언제나. 늘.

他经常不在家。그는 자주 집에 없다.

0973 ⑤ **经典** jīngdiǎn   몡 경전. 고전.
                                        형 전형적인.

古代的经典至今影响着我们。
고대 경전이 지금도 우리에게 영향을 미친다.

他的话很经典。그의 말은 아주 전형적이다.

0974 ③ **经过** jīngguò   동 경유하다. 통과하다.

经过三年的学习，他终于毕业了。
3년의 공부를 거쳐, 그는 마침내 졸업했다.

0975 ④ **经济** jīngjì   몡 경제. 국민 경제.

不发展农村经济就没有全国经济的发展。
농촌경제를 발전시키지 않으면, 국가경제의 발전도 없다.

0976 ③ **经理** jīnglǐ   몡 지배인. 매니저.

这个文件要经理签字。 이 문서는 지배인이 사인해야 한다.

0977 ④ **经历** jīnglì   통 경험하다. 체험하다.

夫妻俩经历了很多磨难。 부부 두 사람이 많은 고난을 겪었다.

0978 ⑤ **经商** jīngshāng   통 장사하다.   **L6**

父母都经商。 부모님은 다 장사를 하신다.

0979 ④ **经验** jīngyàn   몡 경험. 체험.

他有丰富的教书经验。 그는 풍부한 교학 경험이 있다.

0980 ⑤ **经营** jīngyíng   통 운영하다. 경영하다.

他自己经营一个咖啡馆。 그는 스스로 커피숍 하나를 운영한다.

0981 ④ **精彩** jīngcǎi   혱 훌륭하다. 뛰어나다.

台上的表演很精彩。 무대의 공연이 아주 훌륭하다.

0982 ⑤ **精力** jīnglì   몡 정신과 체력. 정력.

虽然想学习很多东西，但是精力不足。
비록 많은 것을 배우려고 하나 정신과 체력이 부족하다.

0983 ⑤ **精神** jīngshén   몡 주요 의미. 정신.
         jīngshen   몡 기운. 활력. 원기.   **L4**

他没能领会会议精神jīngshén。
그는 회의의 주요 의미를 파악할 수 없었다.

我现在没有精神jīngshen。 나는 지금 기운이 없다.

0984 ④ **景色** jǐngsè　　　　명 풍경. 경치.

窗外的景色很美丽。 창 밖의 풍경은 아주 아름답다.

0985 ④ **警察** jǐngchá　　　　명 경찰.

哥哥想当警察。 오빠는 경찰이 되고 싶어한다.

0986 ④ **竞争** jìngzhēng　　　　동 경쟁하다.

当今社会竞争很激烈。 지금 사회의 경쟁은 아주 치열하다.

0987 ④ **竟然** jìngrán　　　　부 뜻밖에도. 의외로.

他竟然忘记我的名字了。 뜻밖에도 그는 내 이름을 잊어버렸다.

0988 ④ **镜子** jìngzi　　　　명 거울.

房间里只有一面镜子。 방에 단지 거울 하나만 있다.

0989 ④ **究竟** jiūjìng　　　　부 도대체. 대관절.
　　　　　　　　　　　　명 결말. 결과. 경위.

你究竟想干什么? 너는 도대체 뭘 하고 싶니?
他想亲自去看个究竟。 그는 직접 가서 결과를 보고 싶어한다.

0990 ① **九** jiǔ　　　　수 9. 아홉.

今天有九节课。 오늘은 아홉 시간의 수업이 있다.

0991 ③ **久** jiǔ　　　　형 오래다. 시간이 길다.

事情已经过去很久了。 일은 이미 지나간 지 오래 되었다.

0992 ⑤ **酒吧** jiǔbā　　　　명 술집. 바.

那家酒吧里有很多人。 저 술집에는 사람이 많다.

J

0993	③	旧 jiù	형 낡다. 헐다.

衣服有点旧了。옷이 좀 낡았다.

0994	⑤	救 jiù	동 구하다. 구제하다. 구조하다.

他救了我的命。그는 내 목숨을 구했다.

0995	⑤	救护车 jiùhùchē	명 구급차.

救护车马上就来。구급차가 곧 온다.

0996	②	就 jiù	부 바로. 즉시. 당장.

我现在就去。나는 지금 바로 간다.

0997	⑤	舅舅 jiùjiu	명 외삼촌.

我去看望舅舅。나는 외삼촌을 뵈러 간다.

0998	⑤	居然 jūrán	부 의외로. 뜻밖에. 예상외로.

他居然得了第一名。그는 의외로 1등을 했다.

0999	⑤	桔子 júzi	명 귤.

济州岛的桔子很好吃。제주도의 귤은 정말 맛있다.

1000	④	举 jǔ	동 들다. **L5**

学生们把手举了起来。학생들은 손을 들었다.

1001	④	举办 jǔbàn	동 거행하다. 열다.

这个城市举办过奥运会。이 도시는 올림픽을 거행한 적이 있다.

1002 ④ 举行 jǔxíng   图 거행하다.   **L3**

俩人上个星期**举行**了婚礼。 두 사람은 지난 주에 결혼식을 올렸다.

1003 ⑤ 巨大 jùdà   형 아주 크다.

天上飘着一个**巨大**的气球。
하늘에 아주 큰 기구 하나가 떠다닌다.

1004 ③ 句子 jùzi   명 문장.

这个**句子**很简单。 이 문장은 아주 간단하다.

1005 ④ 拒绝 jùjué   图 거절하다. 거부하다.

他**拒绝**了我的请求。 그는 나의 요청을 거절했다.

1006 ⑤ 具备 jùbèi   图 갖추다. 구비하다.

我不**具备**那样的实力。 나는 그런 실력을 갖추지 못했다.

1007 ⑤ 具体 jùtǐ   형 구체적이다.

具体怎么回事？ 구체적으로 어떻게 된 일입니까?

1008 ⑤ 俱乐部 jùlèbù   명 클럽. 구락부.

我是足球**俱乐部**的队员。 나는 축구 클럽의 팀원이다.

1009 ⑤ 据说 jùshuō   图 다른 사람의 말에 의하면 ~라고 한다.

据说明天不下雨。 들리는 말에 의하면 내일은 비가 안 온다고 한다.

1010 ④ 距离 jùlí   명 거리. 간격.

天津和北京的**距离**很近。 톈진과 베이징의 거리는 매우 가깝다.

1011 ④ **聚会 jùhuì** 圀 모임. 집회.

我不能参加明天的聚会了。나는 내일 모임에 참가할 수 없다.

1012 ⑤ **捐 juān** 동 기부하다. 헌납하다.

他把这些钱捐给穷人了。그는 이 돈을 가난한 사람에게 기부했다.

1013 ③ **决定 juédìng** 圀 결정.
동 결정하다.

这是上级的决定。이것은 상부의 결정이다.
他决定了下个月辞职。 그는 다음 달에 사직하기로 결정했다.

1014 ⑤ **决赛 juésài** 圀 결승.

明天举行决赛。내일 결승전이 열린다.

1015 ⑤ **决心 juéxīn** 圀 결심. 결의. 다짐.
동 결심하다. 결의하다.

他还没有下决心。그는 아직 결심을 내리지 않았다.
我决心了努力学习。나는 열심히 공부할 것을 결심했다.

1016 ⑤ **角色 juésè** 圀 역. 역할. 배역.

他扮演一个重要的角色。그는 중요한 역을 맡는다.

1017 ② **觉得 juéde** 동 ~라고 여기다.

我觉得现在很冷。나는 지금 매우 춥다고 생각한다.

1018 ⑤ **绝对 juéduì** 형 절대적인. 무조건적인.

没有任何事情是绝对的。어떤 일이든 절대적인 것은 없다.

| 1019 | 5 | 军事 jūnshì | 명 군사. |

他参加了那次秘密军事行动。 그는 그 비밀 군사행동에 참가했다.

| 1020 | 5 | 均匀 jūnyún | 형 균등하다. 고르다. 균일하다. |

种子要分均匀。 씨앗은 균등하게 분배해야 한다.

| 1021 | 2 | 咖啡 kāfēi | 명 커피. |

他喜欢喝咖啡。 그는 커피 마시는 것을 좋아한다.

| 1022 | 5 | 卡车 kǎchē | 명 트럭. |

一辆卡车开来了。 트럭 한 대가 왔다.

| 1023 | 1 | 开 kāi | 동 열다. 피다. |

商店还没有开。 상점은 아직 열지 않았다.

| 1024 | 5 | 开发 kāifā | 동 개발하다. 개척하다. |

市长要开发新的区域。 시장은 새로운 구역을 개발하고자 한다.

| 1025 | 5 | 开放 kāifàng | 동 개방하다. 해제하다. |

他是一个开放的人。 그는 개방적인 사람이다.

| 1026 | 5 | 开幕式 kāimùshì | 명 개막식. |

明天是运动会开幕式。 내일은 운동회 개막식이다.

1027 ② 开始 kāishǐ
⑧ 시작되다. 개시하다.
⑲ 처음. 시작.

电影快要开始了。영화가 곧 시작된다.
好的开始是成功的一半。좋은 시작은 성공의 반이다.

1028 ⑤ 开水 kāishuǐ
⑲ 끓인 물.　**L6**

我想喝开水。나는 끓인 물을 마시고 싶다.

1029 ④ 开玩笑 kāi wánxiào
⑧ 농담하다. 놀리다.

别开玩笑，我是认真的。농담하지 마. 나는 진심이야.

1030 ④ 开心 kāixīn
⑲ 즐겁다. 기쁘다.　**L5**

最近过得很开心。최근 매우 즐겁게 잘 지낸다.

1031 ⑤ 砍 kǎn
⑧ 패다. 찍다.

我砍了一捆柴。나는 땔감 한 묶음을 팼다.

1032 ① 看 kàn
⑧ 보다. ～라고 생각하다.

我们下午三点看电影吧。우리 오후 3시에 영화를 보자.

1033 ⑤ 看不起 kànbuqǐ
⑧ 경시하다. 얕보다.

你看不起我吗？너 나 무시하는 거야?

1034 ④ 看法 kànfǎ
⑲ 견해.

对这件事情，你有什么看法？이 일에 대해, 너는 무슨 견해가 있어?

1035 ① 看见 kànjiàn
⑧ 보다. 보이다.

我**看见**他从西门出去了。나는 그가 서문으로 나가는 것을 봤다.

1036 ⑤ **看望 kànwàng** 동 방문하다. 문안하다. **L6**

我去医院**看望**了病人。나는 환자를 보러 병원에 갔다.

1037 ④ **考虑 kǎolǜ** 동 고려하다. 생각하다.

让我再**考虑**一下。제가 다시 좀 생각해 보겠습니다.

1038 ② **考试 kǎoshì** 동 시험을 치다.

明天**考试**英文。내일은 영어를 시험본다.

1039 ④ **烤鸭 kǎoyā** 명 오리구이. **L5**

北京**烤鸭**很有名。베이징 오리구이는 매우 유명하다.

1040 ⑤ **靠 kào** 동 기대다. 접근하다. **N**

别**靠**在床上坐在椅子上。침대에 기대지 마시고, 의자에 앉으세요.

1041 ④ **科学 kēxué** 명 과학.
형 과학적이다.

孩子很喜欢**科学**。아이는 과학을 아주 좋아한다.
这种做法很不**科学**。이런 방법은 과학적이지 않다.

1042 ④ **棵 kē** 양 그루. 포기.

我家院子里有一**棵**柿子树。 우리집 정원에 감나무 한 그루가 있다.

1043 ⑤ **颗 kē** 양 알. (둥글고 작은 알맹이 모양과 같은 것을 세는 데 쓰임)

戒指上有一**颗**宝石。반지에 보석 한 알이 박혀있다.

| 1044 | ④ | 咳嗽 késou | 통 기침하다.
명 기침. |

孩子**咳嗽**了一个晚上。 아이가 저녁 내내 기침을 했다.

你的**咳嗽**好了吗? 너 기침은 나아졌어?

| 1045 | ③ | 可爱 kě'ài | 형 귀엽다. |

隔壁的孩子很**可爱**。 이웃집 아이가 아주 귀엽다.

| 1046 | ⑤ | 可见 kějiàn | 접 ~라는 것을 알 수 있다. |

出太阳了，**可见**不下雨了。
태양이 나왔으니, 비가 내리지 않을 것을 짐작할 수 있다.

| 1047 | ⑤ | 可靠 kěkào | 형 믿을 만하다. |

这个消息很**可靠**。 이 소식은 정말 믿을 만하다.

| 1048 | ④ | 可怜 kělián | 형 불쌍하다. 가련하다. |

穷人们很**可怜**，不要看不起他们。
가난한 사람들은 아주 불쌍하니, 그들을 무시하지 마라.

| 1049 | ② | 可能 kěnéng | 형 가능하다.
명 가능성. 가망.
부 아마도. |

说服他是完全**可能**的。 그를 설득하는 것은 전적으로 가능하다.

我不相信有发生那样的事的**可能**。
나는 그런 일이 일어날 가능성을 믿지 않는다.

可能不是他。 아마도 그는 아닐 것이다.

| 1050 | ⑤ | 可怕 kěpà | 형 무섭다. 두렵다. |

他的样子很**可怕**。 그의 표정이 매우 무섭다.

| 1051 | ④ | 可是 kěshì | 쥅 하지만. 그러나. 그렇지만. |

我想去，可是没有时间。 나는 가고 싶지만, 시간이 없다.

| 1052 | ④ | 可惜 kěxī | 혱 아쉽다. 섭섭하다. |

他没有考上大学，太可惜了。 그가 대학에 떨어져서 너무 아쉽다.

| 1053 | ② | 可以 kěyǐ | 조동 ~할 수 있다. |

你不可以进这个门。 너는 이 문으로 들어갈 수 없다.

| 1054 | ③ | 渴 kě | 혱 목이 타다. 목마르다. |

我很渴，给我一杯水。 제가 목이 너무 마르니, 물 한 잔 주세요.

| 1055 | ⑤ | 克 kè | 양 그램(g). |

那颗钻石重五十克。 그 다이아몬드는 50그램이다.

| 1056 | ⑤ | 克服 kèfú | 동 극복하다. 이기다. |

你要克服困难，争取成功。
너는 어려움을 극복해야만 성공을 쟁취한다.

| 1057 | ③ | 刻 kè | 동 새기다. |

他在桌子上刻上了自己的名字。 그가 책상에 자신의 이름을 새겼다.

| 1058 | ⑤ | 刻苦 kèkǔ | 혱 고생을 참아내다. |

他学习很刻苦。 그는 고생을 참아가며 공부한다.

| 1059 | ⑤ | 客观 kèguān | 혱 객관적이다.
명 객관. |

他看问题比较客观。 그는 문제를 비교적 객관적으로 바라본다.
他的主张缺少客观性。 그의 주장은 객관성이 부족하다.

K

1060 ③ **客人 kèrén** 명 손님. 고객.

家里来客人了。 집에 손님이 오셨다.

1061 ④ **客厅 kètīng** 명 거실. 응접실. **L5**

他一个人在客厅坐着。 그는 거실에 혼자 앉아있다.

1062 ② **课 kè** 명 수업. 강의.

今天下午没有课。 오늘 오후 수업이 없다.

1063 ⑤ **课程 kèchéng** 명 교육 과정. 교과목.

他在准备博士课程。 그는 박사 과정을 준비하고 있다.

1064 ④ **肯定 kěndìng** 부 확실히. 틀림없이.
동 확신하다. 확언하다.
형 긍정적이다.

他肯定认识你。 그는 확실히 너를 안다.

他肯定了自己的意见。 그는 자신의 견해를 확신한다.

他说话的语调十分肯定。 그의 말투는 확실히 긍정적이다.

1065 ④ **空 kōng** 형 텅 비다. (속이) 비다.
   kòng 명 틈. 짬. 겨를. **N**

这个房子是空kōng的。 이 집은 텅 비었다.

今天下午有空kòng吗? 오늘 오후에 시간이 있습니까?

1066 ⑤ **空间 kōngjiān** 명 공간.

我的生活空间很安静。 나의 생활공간은 매우 조용하다.

1067 ④ **空气 kōngqì** 명 공기.

山里的空气很新鲜。산 속의 공기는 신선하다.

1068 ③ 空调 kōngtiáo　　　　　명 에어컨.

我打算夏天安装空调。나는 여름에 에어컨을 설치할 계획이다.

1069 ④ 恐怕 kǒngpà　　　　　부 아마 ~일 것이다. 대체로.

恐怕他今天不能来了。아마 그는 오늘 못 올 것이다.

1070 ⑤ 空闲 kòngxián　　　　　동 한가하다.
　　　　　　　　　　　　　명 틈. 여가. 한가한 시간.

空闲的时候，来我家玩儿吧。한가할 때 우리 집에 놀러 와.
今天我没有一点空闲。오늘 나는 잠시도 겨를이 없다.

1071 ⑤ 控制 kòngzhì　　　　　동 통제하다. 제어하다.

我控制不了局面。나는 국면을 통제할 수 없다.

1072 ③ 口 kǒu　　　　　명 입.
　　　　　　　　　　양 식구. 사람. 마리.

每个人都有一张口。모든 사람은 입이 하나씩 있다.
我家有四口人。우리 집은 네 식구이다.

1073 ⑤ 口味 kǒuwèi　　　　　명 맛. 향미. 풍미.

这道菜不合我的口味。이 요리는 내 입맛에 맞지 않는다.

1074 ③ 哭 kū　　　　　동 울다.

孩子一直哭。아이가 계속 울어댄다.

1075 ④ 苦 kǔ　　　　　형 쓰다. 고생스럽다.

人生是苦的。인생은 쓰다.

1076	③	**裤子** kùzi	명 바지.

妈妈买了一条裤子。 엄마가 바지 한 벌을 샀다.

1077	⑤	**夸** kuā	동 칭찬하다.

人们都夸他聪明。 사람들은 모두 그가 똑똑하다고 칭찬한다.

1078	⑤	**夸张** kuāzhāng	동 과장하다.	**N**

他对妻子的动作太夸张了。 그의 아내에 대한 동작은 너무 과장됐다.

1079	⑤	**会计** kuàijì	명 회계. 경리.

他在公司当会计。 그는 회사에서 회계를 담당한다.

1080	①	**块** kuài	양 덩이. 조각. 장.

今天吃了一块蛋糕。 오늘 케이크 한 조각을 먹었다.

1081	②	**快** kuài	형 빠르다.

你快点儿吧，时间不多了。 너 좀 빨리 해, 시간 없어.

1082	②	**快乐** kuàilè	형 즐겁다. 유쾌하다.

她每天都很快乐。 그녀는 날마다 정말 즐겁다.

1083	③	**筷子** kuàizi	명 젓가락.

很多东方国家用筷子吃饭。
많은 동방국가는 젓가락을 사용해 밥을 먹는다.

1084	⑤	**宽** kuān	형 넓다.	**L4**

桌子很宽，可以放下很多书。 책상이 넓어서, 많은 책을 놓을 수 있다.

1085 ④ 矿泉水 kuàngquánshuǐ 뗑 광천수. 생수. **L5**

一天喝了好几瓶矿泉水。 하루에 여러 병의 광천수를 마셨다.

1086 ⑤ 昆虫 kūnchóng 뗑 곤충. **L6**

昆虫有很多种。 곤충에는 여러 종류가 있다.

1087 ④ 困 kùn 혱 지치다. 피곤하다.

我很困，想睡一会儿。 나는 너무 피곤해서 잠을 좀 자고 싶다.

1088 ④ 困难 kùnnan 뗑 곤란. 어려움.

他克服困难，把事儿办好。
그는 어려움을 극복하고 일을 잘 처리했다.

1089 ⑤ 扩大 kuòdà 됭 확대하다. 넓히다. **L4**

阅读有助于扩大你的词汇量。
독해는 네 어휘량을 넓히는데 도움이 된다.

新HSK1~5급

L

1090 ④ 垃圾桶 lājītǒng 뗑 쓰레기통.

我需要一个垃圾桶。 나는 쓰레기통 하나가 필요하다.

1091 ④ 拉 lā 됭 끌다. 당기다. 견인하다.

他拉着车子走上去了。 그는 차를 끌고 걸어갔다.

1092 ④ 辣 là 　　　　　　　　형 맵다.

那个菜很辣。 그 요리는 맵다.

1093 ⑤ 辣椒 làjiāo 　　　　　　　명 고추.

辣椒都很辣。 고추는 다 맵다.

1094 ① 来 lái 　　　　　　　　동 오다.

你今天来吗? 너는 오늘 오니?

1095 ④ 来不及 láibují 　　　　동 따라가지 못하다. 제시간에 댈 수 없다.

快点儿，要来不及了。 빨리해, 늦겠어.

1096 ④ 来得及 láidejí 　　　　동 늦지 않다.

现在努力还来得及。 지금 노력해도 아직은 늦지 않다.

1097 ④ 来自 láizì 　　　　　　동 ~로부터 오다. ~에서 나오다. **L5**

我来自中国。 나는 중국에서 왔다.

1098 ⑤ 拦 lán 　　　　　　　　동 가로막다. 막다.

别拦我，让我过去。 나를 막지 말고 지나가게 해 줘.

1099 ③ 蓝 lán 　　　　　　　　명 남색.
　　　　　　　　　　　　　　형 푸르다.

我喜欢蓝色。 나는 남색을 좋아한다.
今天的天很蓝。 오늘 하늘이 정말 푸르다.

1100 ④ 懒 lǎn 　　　　　　　　형 게으르다. 나태하다.

他很懒，什么都不愿意干。
그는 게을러서 어떤 것도 하기를 원하지 않는다.

1101 ⑤	烂 làn	혱 부패하다. 썩다.

昨天的牛肉已经烂了。 어제의 소고기는 이미 부패하였다.

1102 ⑤	朗读 lǎngdú	통 낭독하다. **L6**

老师教孩子们朗读课文。
선생님께서 아이들에게 본문을 낭독하는 것을 가르치신다.

1103 ④	浪费 làngfèi	통 낭비하다.

你不能浪费时间。 너는 시간을 낭비해서는 안 된다.

1104 ④	浪漫 làngmàn	혱 낭만적이다. 로맨틱하다.

夫妇的爱情故事很浪漫。 부부의 사랑 이야기는 매우 낭만적이다.

1105 ⑤	劳动 láodòng	명 노동. 통 노동하다.

他热爱劳动。 그는 노동을 열렬히 사랑한다.

大家都在田里劳动。 모두 밭에서 일한다.

1106 ⑤	劳驾 láojià	통 실례합니다. 수고하십니다.

劳驾您帮我一下。 실례하지만, 저 좀 도와주세요.

1107 ③	老 lǎo	혱 늙다.

几年不见，他老了很多。 몇 년 동안 못 봤는데, 그는 많이 늙었다.

1108 ⑤	老百姓 lǎobǎixìng	명 국민. 백성.

我只是一名普通老百姓。 나는 단지 보통 국민이다.

| 1109 | 5 | 老板 lǎobǎn | 명 사장. 주인. |

他当老板了。 그는 사장이 되었다.

| 1110 | 4 | 老虎 lǎohǔ | 명 호랑이. |

他属老虎。 그는 호랑이띠다.

| 1111 | 5 | 老婆 lǎopo | 명 아내. 처. 마누라. | N |

他很怕老婆。 그는 아내를 두려워한다.

| 1112 | 1 | 老师 lǎoshī | 명 선생님. 스승. |

老师让我们复习课文。 선생님은 우리에게 본문을 복습하라고 하셨다.

| 1113 | 5 | 老实 lǎoshi | 형 정직하다. 성실하다. |

他是一个老实的人。 그는 정직한 사람이다.

| 1114 | 5 | 老鼠 lǎoshǔ | 명 쥐. |

猫把老鼠抓住了。 고양이가 쥐를 잡았다.

| 1115 | 5 | 姥姥 lǎolao | 명 외할머니. 외조모. |

姥姥去世了。 외할머니는 돌아가셨다.

| 1116 | 5 | 乐观 lèguān | 형 낙관적이다. |

情况很不乐观。 상황이 정말 낙관적이지 못하다.

| 1117 | 1 | 了 le | 조 동사 뒤에 와서 완료를 나타냄.
조 문장 맨 끝에 와서 변화를 나타냄. |

事情已经结束了。 일이 이미 끝났다.

下雨了。 비가 내린다.

1118　⑤　雷 léi　　　　　　　　　명 천둥. 우레.

今天早上一直打雷。오늘 아침에 계속 천둥이 친다.

1119　⑤　类型 lèixíng　　　　　명 유형.　　　　　　　Ⓝ

他不是那种类型的人。그는 그런 유형의 사람이 아니다.

1120　②　累 lèi　　　　　　　　형 지치다. 피곤하다.

忙了一天了，现在很累。하루 내내 바빠서 지금은 너무 피곤하다.

1121　①　冷 lěng　　　　　　　 형 춥다.

你冷吗? 너는 춥니?

1122　⑤　冷淡 lěngdàn　　　　　형 냉담하다. 쌀쌀하다.　　L6

他对我很冷淡。그는 내게 아주 냉담하다.

1123　④　冷静 lěngjìng　　　　　형 냉정하다. 침착하다.

处理这件事情要冷静。이 일을 처리하려면 냉정해야 한다.

1124　⑤　厘米 límǐ　　　　　　　양 센티미터(cm).

伤口有十厘米长。상처의 길이가 10센티미터나 된다.

1125　②　离 lí　　　　　　　　　조 ~로부터. ~에서.

天津离北京很近。톈진은 베이징에서 가깝다.

1126　⑤　离婚 líhūn　　　　　　 동 이혼하다.

俩人离婚了。두 사람은 이혼했다.

| 1127 | 3 | 离开 líkāi | 图 떠나다. |

妈妈带着孩子**离开**了。 엄마는 아이를 데리고 떠났다.

| 1128 | 5 | 梨 lí | 图 배. |

一斤苹果比一斤**梨**便宜多了。 사과 한 근이 배 한 근 보다 훨씬 싸다.

| 1129 | 4 | 礼拜天 lǐbàitiān | 图 일요일. | **L5** |

明天**礼拜天**。 내일은 일요일이다.

| 1130 | 4 | 礼貌 lǐmào | 图 예의. 예의범절. |

你说话要注意**礼貌**。 너는 말할 때 예의를 지켜야 한다.

| 1131 | 3 | 礼物 lǐwù | 图 선물. 예물. |

我给妈妈买生日**礼物**。 나는 엄마에게 생일 선물을 사 드린다.

| 1132 | 1 | 里 lǐ | 图 안쪽. 가운데. 내부. |

房间**里**有一张床。 방 안에 침대 하나가 있다.

| 1133 | 4 | 理发 lǐfà | 图 머리를 깎다. 이발하다. |

他去**理发**了。 그는 머리를 깎으러 갔다.

| 1134 | 4 | 理解 lǐjiě | 图 이해하다. 알다. |

他的做法让我很不**理解**。 그의 방법이 나는 정말 이해가 안 된다.

| 1135 | 5 | 理论 lǐlùn | 图 이론. |

我们要遵守科学**理论**。 우리는 과학이론을 준수해야 한다.

1136 4 　**理想** lǐxiǎng 　　　　명 이상.

你要从小树立远大**理想**。
너는 어렸을 때부터 원대한 이상을 수립해야 한다.

1137 5 　**理由** lǐyóu 　　　　명 이유.

他总是没有**理由**地那样做。 그는 항상 이유 없이 저렇게 한다.

1138 5 　**力量** lìliang 　　　　명 힘. 역량.

爱情的**力量**是巨大的。 사랑이 힘은 거대하다.

1139 4 　**力气** lìqi 　　　　명 힘.

我现在没有**力气**，想休息一下。
나는 지금 힘이 없어서 좀 쉬고 싶다.

1140 3 　**历史** lìshǐ 　　　　명 역사.

中国有五千年的**历史**。 중국은 오천 년의 역사가 있다.

1141 4 　**厉害** lìhai 　　　　형 대단하다. 무섭다.

他咳嗽得很**厉害**。 그는 기침을 매우 심하게 한다.

1142 5 　**立即** lìjí 　　　　부 즉시. 곧.

你**立即**去办，别浪费时间。
너는 즉시 가서 처리해라, 시간 낭비하지 말고.

1143 5 　**立刻** lìkè 　　　　부 즉시. 바로.

他一说我**立刻**就明白了。 그가 말하자마자 나는 바로 이해했다.

1144 ⑤ **利润 lìrùn** 　　　　　　　명 이윤.

那笔生意让他获得了巨大利润。
그는 그 장사로 거대한 이윤을 얻었다.

1145 ⑤ **利息 lìxī** 　　　　　　　명 이자.

韩国活期存款的利息很低。한국의 보통예금 이자는 낮다.

1146 ⑤ **利益 lìyì** 　　　　　　　명 이익. 이득.

政府应该维护人民的利益。정부는 인민의 이익을 지켜야 한다.

1147 ⑤ **利用 lìyòng** 　　　　　　　동 이용하다.

我想利用这些钱做生意。나는 이 돈을 이용해서 장사를 할 생각이다.

1148 ④ **例如 lìrú** 　　　　　　　동 예를 들면.

中国有很多大城市，例如北京。
중국에는 많은 대도시가 있는데, 예를 들면 베이징이 있다.

1149 ④ **俩 liǎ** 　　　　　　　수 두 개. 두 사람.

我有俩哥哥。나는 두 명의 오빠가 있다.

1150 ④ **连 lián** 　　　　　　　동 잇다.
　　　　　　　　　　　　　　　　　 부 계속하여.
　　　　　　　　　　　　　　　　　 전 ～조차도.

把两件事情连在一起。두 가지 일을 같이 이어서 하다.

我连着工作了三天。나는 연속해서 사흘 동안 일을 했다.

这是连孩子都明白的道理。이것은 아이조차도 아는 도리이다.

1151 ⑤ **连忙 liánmáng** 　　　　　　　부 얼른. 재빨리.

他见我进来连忙站了起来。
그는 내가 들어 오는 것을 보고 얼른 일어섰다.

1152 ⑤ **连续 liánxù** 동 연속하다. 계속하다. **C**

你连续地两次不来就不及格。
당신은 연속해서 두 번 오지 않으면 불합격이다.

1153 ⑤ **联合 liánhé** 동 연합하다. 결합하다.

两国联合起来了。 두 나라가 연합했다.

1154 ④ **联系 liánxì** 동 연락하다. 연결하다.

他们俩已经有几年不联系了。
그들 둘은 이미 몇 년간 연락하지 않았다.

1155 ③ **脸 liǎn** 명 얼굴.

脸上有一粒米。 얼굴에 쌀알이 하나 붙어 있다.

1156 ③ **练习 liànxí** 동 연습하다. 익히다.
명 연습 문제. 숙제.

我们练习发音。 우리는 발음을 연습한다.
你做发音练习。 너는 발음 연습 문제를 풀어라.

1157 ⑤ **恋爱 liàn'ài** 동 연애하다.
명 연애.

他们俩从两年前开始恋爱了。 그들 둘은 2년 전부터 연애를 했다.
浪漫的恋爱让人羡慕。 낭만적인 연애는 사람들의 부러움을 산다.

1158 ⑤ **良好 liánghǎo** 형 양호하다. 좋다.

空气质量良好。 공기의 질이 양호하다.

1159 ④ **凉快** liángkuai　　　형 시원하다. 서늘하다.

天气开始**凉快**了。날씨가 시원해지기 시작했다.

1160 ⑤ **粮食** liángshi　　　명 식량. 양식.

节约**粮食**是对农民劳动的尊重。
식량을 절약하는 것은 농민노동에 대한 존중이다.

1161 ② **两** liǎng　　　주 2. 둘.

我**两**点有听力课。나는 2시에 듣기수업이 있다.

1162 ⑤ **亮** liàng　　　형 밝다. 빛나다.　　**L4**

这个房间很**亮**。이 방은 밝다.

1163 ③ **辆** liàng　　　양 대. 량. (차량을 세는 데 쓰임)

我给儿子买了一**辆**自行车做生日礼物。
나는 아들에게 자전거 한 대를 생일선물로 사줬다.

1164 ③ **聊天** liáotiān　　　동 한담하다. 잡담을 하다.　　**L4**

他在和奶奶**聊天**。그는 할머니와 한담 중이다.

1165 ⑤ **了不起** liǎobuqǐ　　　형 대단하다. 뛰어나다.

这么年轻就当老板了，真**了不起**。
이렇게 젊은데 사장이라니, 정말 대단하다.

1166 ③ **了解** liǎojiě　　　동 자세하게 알다.

我不太**了解**他。나는 그를 잘 알지 못한다.

1167 ⑤ **列车** lièchē　　　명 열차.　　**N**

我坐往北去的**列车**了。 나는 북쪽으로 가는 열차를 탔다.

| 1168 | **3** | **邻居** línjū | 똉 이웃. 이웃집. |

我和他是**邻居**。 나는 그와 이웃이다.

| 1169 | **5** | **临时** línshí | 똉 잠시의. 일시적인. 임시의.
뛰 때에 이르다. |

这个房子是**临时**留的。 이 집은 잠시 머무는 곳이다.
会议**临时**取消了。 회의가 때에 이르러 취소 되었다.

| 1170 | **5** | **灵活** línghuó | 똉 민첩하다. 날쌔다. |

他头脑很**灵活**。 그는 머리 회전이 정말 빠르다.

| 1171 | **5** | **铃** líng | 똉 종. 방울. 벨. |

铃声响了。 종소리가 울렸다.

| 1172 | **2** | **零** líng | 쉬 0. 영. | **L1** |

从**零**开始。 영에서 시작한다.

| 1173 | **5** | **零件** língjiàn | 똉 부속품. |

这是电脑所需要的**零件**。 이것은 컴퓨터에 필요한 부속품이다.

| 1174 | **4** | **零钱** língqián | 똉 잔돈. 푼돈. | **L5** |

我没有**零钱**。 나는 잔돈이 없다.

| 1175 | **5** | **零食** língshí | 똉 군것질. 간식. |

小女孩儿爱吃**零食**。 여자아이는 군것질하는 것을 좋아한다.

1176 ⑤ **领导** lǐngdǎo
　　명 지도자. 영도자.
　　동 이끌다. 영도하다.

他是我们领导。 그는 우리의 지도자이다.

他领导大家一起努力工作了。 그는 모두를 이끌고 같이 열심히 일했다.

1177 ⑤ **领域** lǐngyù
　　명 분야. 영역.

这是一个新的领域还没有人做过研究。
이것은 새로운 영역으로, 아직 어떤 사람도 연구한 적이 없다.

1178 ④ **另外** lìngwài
　　대 다른 사람. 사물.
　　부 따로. 별도로. 달리.
　　접 이 외에. 그밖에.

四个人留下，另外的可以走了。
네 사람은 남고, 다른 사람은 가도 됩니다.

我们另外再找时间一起去吧。 우리 따로 시간 잡아서 같이 가자.

我想看电影，另外还想逛街。
나는 영화를 보고 싶고 이 외에 윈도우 쇼핑도 하고 싶다.

1179 ⑤ **浏览** liúlǎn
　　동 대강 둘러보다.

他浏览了大量资料。 그는 대량의 자료를 대강 둘러봤다.

1180 ④ **留** liú
　　동 남기다.

她给他留一块儿蛋糕。 그녀는 그에게 케이크 한 조각을 남겼다.

1181 ③ **留学** liúxué
　　동 유학하다.　　**L4**

他去美国留学了。 그는 미국으로 유학을 갔다.

1182 ⑤ **流传** liúchuán
　　동 널리 퍼지다. 유전하다.

浪漫的爱情故事在那里流传了。
낭만적인 사랑 이야기는 그곳에서 퍼졌다.

1183 **5** 流泪 liúlèi 　　　　동 눈물을 흘리다.

他不停地**流泪**了。 그는 끊임없이 눈물을 흘렸다.

1184 **4** 流利 liúlì 　　　　형 유창하다. 막힘이 없다. 미끈하다.

他的汉语很**流利**。 그의 중국어는 아주 유창하다.

1185 **4** 流行 liúxíng 　　　　동 유행하다.
　　　　　　　　　　　　 형 유행하는.

最近**流行**长发。 최근에는 긴 머리가 유행한다.
在学生们之间这种说法很**流行**。
학생들 사이에서는 이런 표현이 아주 유행한다.

1186 **1** 六 liù 　　　　주 6. 여섯.

他有**六**个孩子。 그는 여섯 명의 아이가 있다.

1187 **5** 龙 lóng 　　　　명 용.

龙生活在天上。 용은 하늘에서 산다.

1188 **3** 楼 lóu 　　　　명 다층 건물.
　　　　　　　　　　　　 양 층.

正面有一座大**楼**。 정면에 빌딩 하나가 있다.
我住在六**楼**。 나는 6층에 산다.

1189 **5** 漏 lòu 　　　　동 새다. 새나가다.

房子**漏**雨，需要找人来修一下。
집에 비가 새서, 사람을 찾아 수리해야 한다.

1190 **5** 陆地 lùdì 　　　　명 육지. 땅.

海上看不见**陆地**。 바다에서 육지가 보이지 않는다.

1191 **⑤** **陆续** lùxù　　　　　🔲 끊임없이. 연이어.

学生们陆续走进教室。 학생들이 연이어 교실로 걸어 들어간다.

1192 **⑤** **录取** lùqǔ　　　　　🔲 채용하다. 뽑다. (시험으로) 합격시키다.

大企业今年录取了一百多的新入社员。
대기업은 올해 백 여명의 신입사원을 채용했다.

1193 **⑤** **录音** lùyīn　　　　　🔲 녹음하다.
　　　　　　　　　　　　🔲 녹음.

我去录音，一会儿回来。 나 녹음하러 가, 조금 후에 돌아올게.
我要提高韩语听力，就要常听录音。
나는 한국어 듣기 향상을 높이기 위해, 녹음을 자주 듣는다.

1194 **②** **路** lù　　　　　　　🔲 길. 도로.

他走那条路。 그는 저 길로 간다.

1195 **④** **旅行** lǚxíng　　　　　🔲 여행. 🔲 여행하다.　　　　　　**N**

他一个人去旅行了。 그는 혼자서 여행을 갔다.

1196 **②** **旅游** lǚyóu　　　　　🔲 여행. 관광. 🔲 여행하다. 관광하다.

我们俩每年都去旅游。 우리 둘은 매년 여행을 간다.

1197 **④** **律师** lǜshī　　　　　🔲 변호사.

他是个律师。 그는 변호사다.

1198 **③** **绿** lǜ　　　　　　　🔲 푸르다.
　　　　　　　　　　　　🔲 녹색.

春天来了，大地变绿了。 봄이 왔고, 대지가 푸르게 변했다.
那件绿衣服不是我的。 저 녹색 옷은 내 것이 아니다.

| 1199 | **4** | **乱** luàn | 혱 어지럽다. 혼란하다. |

房间里很**乱**。 방안이 너무 어지럽다.

| 1200 | **5** | **轮流** lúnliú | 동 차례로 ~하다. |

医生**轮流**照顾病人。 의사가 차례로 환자를 돌본다.

| 1201 | **5** | **论文** lùnwén | 뎡 논문. |

这个学期我得发表**论文**。 이번 학기에 나는 논문을 발표해야 한다.

| 1202 | **5** | **逻辑** luójí | 뎡 논리. |

你的意见符合**逻辑**。 너의 의견은 논리에 맞다.

| 1203 | **5** | **落后** luòhòu | 혱 낙후되다. 뒤떨어지다. |

工厂的设备十分**落后**。 공장의 설비가 너무 낙후되었다.

思想**落后**的领导不会有好业绩。
사상이 뒤떨어진 지도자는 좋은 업적이 있을 수 없다.

| 1204 | **1** | **妈妈** māma | 뎡 엄마. 어머니. |

我爱**妈妈**。 나는 엄마를 사랑한다.

| 1205 | **4** | **麻烦** máfan | 혱 귀찮다.
동 폐를 끼치다. |

这样做太**麻烦**了。 이렇게 하면 너무 귀찮다.

我**麻烦**你了。 제가 당신께 폐를 끼쳤습니다.

| 1206 | ③ | 马 mǎ | 똉 말. |

树下拴shuān着一匹马。나무 아래에 말 한 필이 묶여 있다.

| 1207 | ④ | 马虎 mǎhu | 휑 건성건성 하다. 소홀하다. |

这人做事儿太马虎。이 사람은 너무 건성건성 일한다.

| 1208 | ③ | 马上 mǎshàng | 凰 곧. 즉시. |

电影马上要开演了。영화가 곧 시작한다.

| 1209 | ⑤ | 骂 mà | 똉 꾸짖다. 욕하다. |

他被妈妈骂了。그는 엄마에게 혼났다.

| 1210 | ① | 吗 ma | 조 의문의 어기를 나타냄. |

你吃饭了吗? 너 밥 먹었니?

| 1211 | ① | 买 mǎi | 똉 사다. 구매하다. |

我买了一本书。나는 책 한 권을 샀다.

| 1212 | ⑤ | 麦克风 màikèfēng | 똉 마이크. |

给我麦克风，我要唱歌。제가 노래 부르게 마이크를 주세요.

| 1213 | ② | 卖 mài | 똉 팔다. 판매하다. |

我去年卖了房子。나는 작년에 집을 팔았다.

| 1214 | ⑤ | 馒头 mántou | 똉 찐빵. 만터우. |

他爱吃馒头。그는 찐빵 먹는 것을 좋아한다.

1215 ④ **满 mǎn** 형 가득 차다. 가득하다.

杯子里的水满了。 컵 안의 물이 가득 찼다.

1216 ③ **满意 mǎnyì** 동 만족하다.
형 만족스럽다.

一切都使他不满意。 모든 일이 그의 마음에 들지 않는다.
这个结果他很满意。 이 결과에 그는 매우 만족한다.

1217 ⑤ **满足 mǎnzú** 동 만족하다.

他不满足取得的成绩。 그는 얻은 성적에 만족하지 않는다.

1218 ② **慢 màn** 형 느리다.

车开得很慢。 차를 너무 천천히 운전한다.

1219 ② **忙 máng** 형 바쁘다.

他不太忙。 그는 별로 바쁘지 않다.

1220 ① **猫 māo** 명 고양이.

她不喜欢养猫。 그녀는 고양이 기르는 것을 좋아하지 않는다.

1221 ④ **毛 máo** 명 털. 깃. 깃털. **L5**
양 마오. (중국의 화폐 단위. 1위안(元)의 1/10)

这条小狗的毛很长。 이 강아지의 털은 길다.
两毛钱的东西现在已经见不到了。
2마오 물건은 지금 이미 볼 수 없다.

1222 ⑤ **毛病 máobìng** 명 결점. 고장.

这人的毛病很多。 이 사람은 결점이 많다.

| 1223 | 4 | 毛巾 máojīn | 명 수건. |

给我一条毛巾。 제게 수건 하나를 주세요.

| 1224 | 5 | 矛盾 máodùn | 명 갈등. 대립. 모순. |

两个人之间有很多矛盾。 두 사람 사이에 갈등이 아주 많다.

| 1225 | 5 | 冒险 màoxiǎn | 형 (행동이) 위험하다.
동 모험하다. 위험을 무릅쓰다. |

这样做很冒险。 이렇게 하는 것은 아주 위험하다.
听我的话，别去冒险否则你会很后悔的。
내 말 들어, 위험을 무릅쓰고 가지 마, 그렇지 않으면 정말 후회할 거야.

| 1226 | 5 | 贸易 màoyì | 명 무역. |

他毕业后就开始做贸易了。 그는 졸업 후 바로 무역을 시작했다.

| 1227 | 3 | 帽子 màozi | 명 모자. |

婴儿不喜欢戴帽子。 갓난아기는 모자 쓰는 것을 싫어한다.

| 1228 | 1 | 没关系 méi guānxi | 괜찮다. 상관없다. |

没关系，进来吧。 괜찮다, 들어와라.

| 1229 | 1 | 没有 méiyǒu | 동 없다. 부족하다. | **C** |

我没有钱。 나는 돈이 없다.

| 1230 | 5 | 眉毛 méimao | 명 눈썹. |

孩子的眉毛很好看。 아이의 눈썹이 예쁘다.

媒体 méitǐ　　　　　몡 매체.　　　　　　　　**L6**

我们每天利用大众媒体。 우리는 매일 대중 매체를 이용한다.

1232 ⑤ 煤炭 méitàn　　　　　몡 석탄.

奶奶烧煤炭做饭。 할머니는 석탄을 태워 밥을 짓는다.

1233 ② 每 měi　　　　　　　때 각. 매. ~마다. 모두.

每人用一个房间。 각자 방 한 개를 사용한다.

1234 ④ 美丽 měilì　　　　　형 아름답다. 예쁘다.

风景很美丽。 풍경이 아주 아름답다.

1235 ⑤ 美术 měishù　　　　　몡 미술. 그림.

他是教美术的老师。 그는 미술을 가르치는 선생님이다.

1236 ② 妹妹 mèimei　　　　　몡 여동생.

我有三个妹妹。 나는 세 명의 여동생이 있다.

1237 ⑤ 魅力 mèilì　　　　　몡 매력.

他是一个很有魅力的男人。 그는 매우 매력적인 남자이다.

1238 ② 门 mén　　　　　　　양 과목. 가지. (과목·과학·기술 등에 쓰임)

这个学期我们开了七门课。
이번 학기에 우리는 일곱 과목을 개설했다.

1239 ④ 梦 mèng　　　　　　통 꿈(을) 꾸다.

我昨天梦到你了。 어제 나는 당신 꿈을 꾸었다.

1240	⑤	**梦想** mèngxiǎng	명 꿈. 몽상.	
			통 갈망하다. 간절히 바라다.	**L6**

祝你实现梦想。 당신의 꿈을 실현하시기 바랍니다.

我梦想你能早日成功。 저는 당신이 빨리 성공할 수 있기를 갈망합니다.

1241	④	**迷路** mílù	통 길을 잃다.	**L5**

我迷路了。 나는 길을 잃었다.

1242	③	**米** mǐ	명 쌀.

一百斤米能吃好多天。 쌀 100근이면 여러 날 먹을 수 있다.

1243	①	**米饭** mǐfàn	명 쌀밥.

她不爱吃米饭。 그녀는 쌀밥을 좋아하지 않는다.

1244	⑤	**秘密** mìmì	명 비밀. 기밀.

我们得严守秘密。 우리는 비밀을 엄수해야 한다.

1245	⑤	**秘书** mìshū	명 비서.

我是总经理秘书。 저는 사장 비서입니다.

1246	④	**密码** mìmǎ	명 비밀번호. 암호.

我忘记密码了。 나는 비밀번호를 잊어버렸다.

1247	⑤	**密切** mìqiè	형 밀접하다. 긴밀하다.

两人的关系很密切。 두 사람의 관계가 매우 밀접하다.

1248	⑤	**蜜蜂** mìfēng	명 꿀벌.

鲜花引来了蜜蜂。꽃이 꿀벌을 불러들였다.

| 1249 | 4 | 免费 miǎnfèi | 동 무료로 하다. |

这些饮料是免费的。이 몇몇 음료수는 무료이다.

| 1250 | 3 | 面包 miànbāo | 명 빵. |

你把面包放在桌子上。너는 빵을 테이블 위에 놓아라.

| 1251 | 5 | 面对 miànduì | 동 직접 대면하다. 직면하다. 마주보다. |

他无法面对这样的现实。그는 이런 현실에 직접 대면할 방법이 없다.

| 1252 | 5 | 面积 miànjī | 명 면적. |

房间的面积不大。방의 면적이 크지 않다.

| 1253 | 5 | 面临 miànlín | 동 직면하다. |

他面临了很多困难。그는 많은 어려움에 직면했다.

| 1254 | 2 | 面条 miàntiáo | 명 국수. | **L3** |

晚上要煮面条吃吧。저녁에 국수를 삶아서 먹자.

| 1255 | 5 | 苗条 miáotiao | 형 날씬하다. |

她身材很苗条。그녀는 몸매가 날씬하다.

| 1256 | 5 | 描写 miáoxiě | 동 묘사하다. |

这作品描写得很详细。이 작품은 아주 자세히 묘사했다.

| 1257 | 4 | 秒 miǎo | 양 초(시간). | **L5** |

我的记录是两分十五秒。내 기록은 2분 15초이다.

1258 ④ 民族 mínzú　　　　　名 민족.

中国有五十六个民族。 중국에는 56개의 민족이 있다.

1259 ⑤ 敏感 mǐngǎn　　　　　형 민감하다.　　　　　L6

他对这个话题很敏感。 그는 이 화제에 대해서 민감하다.

1260 ⑤ 名牌 míngpái　　　　　명 유명 브랜드.

谁都喜欢名牌服装。 누구라도 유명 브랜드 옷을 좋아한다.

1261 ⑤ 名片 míngpiàn　　　　名 명함.

这是我的名片。 여기 제 명함입니다.

1262 ⑤ 名胜古迹 míngshèng gǔjì 명 명승고적.

北京有很多名胜古迹。 베이징에는 명승고적이 많다.

1263 ① 名字 míngzi　　　　　명 이름. 성명.

你叫什么名字? 네 이름이 뭐니?

1264 ③ 明白 míngbai　　　　　동 이해하다.

我明白你的意思了。 나는 너의 뜻을 이해했다.

1265 ⑤ 明确 míngquè　　　　　형 명확하다.

这次的任务很明确。 이번 임무는 정말 명확하다.

1266 ① 明天 míngtiān　　　　명 내일.

明天再去吧。 내일 다시 가자.

1267 ⑤ **明显** míngxiǎn 　　　　　휑 분명하다. 뚜렷하다.

道理很**明显**。 도리가 매우 분명하다.

1268 ⑤ **明星** míngxīng 　　　　　몡 스타.

他是电影**明星**。 그는 영화계 스타이다.

1269 ⑤ **命令** mìnglìng 　　　　　몡 명령.
　　　　　　　　　　　　　　　동 명령하다.

这是上级的**命令**。 이것은 상사의 명령이다.
大将**命令**了士兵马上集合。
대장은 사병에게 바로 집합하도록 명령했다.

1270 ⑤ **命运** mìngyùn 　　　　　몡 운명.

自己的**命运**自己掌握。 자신의 운명은 자신이 주도한다.

1271 ⑤ **摸** mō 　　　　　동 더듬어 찾다.
　　　　　　　　　　　　　　　동 어루만지다. 쓰다듬다.

他从床下**摸**出来一双皮鞋。
그는 침대 아래에서 신발 한 쌍을 더듬어 찾아냈다.

这东西**摸**上去像什么? 이 물건을 만져 보니 뭐 같아?

1272 ⑤ **模仿** mófǎng 　　　　　동 모방하다.

猴子很喜欢**模仿**人。 원숭이는 사람을 따라하는 것을 좋아한다.

1273 ⑤ **模糊** móhu 　　　　　휑 분명하지 않다. 모호하다.
　　　　　　　　　　　　　　　동 애매하게 하다. 흐리게 하다.

记忆已经很**模糊**了。 기억이 이미 희미해졌다.
字迹已经**模糊**了。 글자 흔적이 이미 애매해졌다.

M

1274 ⑤ **模特** mótè   명 모델.   Ⓝ

她是服装模特。 그녀는 패션모델이다.

1275 ⑤ **摩托车** mótuōchē   명 오토바이.

哥哥骑着摩托车来了。 형은 오토바이를 타고 왔다.

1276 ⑤ **陌生** mòshēng   형 생소하다.

一切都很陌生。 모든 것이 매우 생소하다.

1277 ⑤ **某** mǒu   대 어느. 아무.

因为某件事，出门了。 어떤 일 때문에 외출했다.

1278 ④ **母亲** mǔqīn   명 어머니.

我爱我的母亲。 나는 나의 어머니를 사랑한다.

1279 ⑤ **木头** mùtou   명 나무. 목재. 재목.

院子里有很多木头。 정원에 나무가 많다.

1280 ⑤ **目标** mùbiāo   명 목표.

射中目标了。 목표에 명중했다.

1281 ④ **目的** mùdì   명 목적.

我这样做没有任何目的。 내가 이렇게 하는 데에는 어떤 목적도 없다.

1282 ⑤ **目录** mùlù   명 목록.

目录上没有这件产品。 목록에는 이 상품이 없다.

1283　⑤　**目前** mùqián　　　　　⑲ 지금. 현재.

目前他还不知道这件事儿。지금 그는 아직도 이 일을 모른다.

新HSK1~5급 N

1284　③　**拿** ná　　　　　⑧ 쥐다. 잡다. 가지다.

你把衣服**拿**过来。너는 옷을 집어 와라.

1285　①　**哪** nǎ　　　　　때 어느 것. 무엇.
　　　　　　　　　　　　　⑲ 어찌. 어떻게.　　**C**

进**哪**个房间了?　어느 방으로 들어갔죠?
我**哪**能告诉他啊? 내가 어떻게 그를 고소할 수 있겠어?

1286　①　**哪儿** nǎr　　　　　때 어디.
　　　　　　　　　　　　　때 (반어문에 쓰여) 어디. 어떻게.　　**N**

你在**哪儿**? 너는 어디에 있니?
你**哪儿**有钱? 네가 돈이 어디 있니?

1287　⑤　**哪怕** nǎpà　　　　　쩝 설령 ~라 해도.

明天一定去，**哪怕**下雨。설령 비가 내려도, 내일 반드시 간다.

1288　①　**那** nà　　　　　때 그. 저. 그곳. 저곳.　　**C**

我不认识**那**个人。나는 저 사람을 알지 못해.

1289　③　**奶奶** nǎinai　　　　　⑲ 할머니.

奶奶很健康。할머니는 매우 건강하시다.

1290 ④ **耐心** nàixīn
- 몡 인내심.
- 톙 참을성이 있다.

想成功需要**耐心**。성공하고 싶으면 인내심이 필요하다.
做什么事情都很**耐心**。무슨 일을 하든지 참을성이 있어야 한다.

1291 ② **男** nán
- 몡 남자.　**C**

男的都留下。남자는 모두 남으세요.

1292 ③ **南** nán
- 몡 남. 남쪽.

向**南**走，然后又拐。남쪽을 향해 간 후, 다시 꺾으세요.

1293 ③ **难** nán
- 톙 어렵다. 힘들다. 곤란하다.

这道题很**难**。이 문제는 너무 어렵다.

1294 ④ **难道** nándào
- 톙 설마 ~란 말인가?. 설마 ~하겠는가?

难道你不认识他? 설마 네가 그를 모른다고?

1295 ⑤ **难怪** nánguài
- 톙 어쩐지. 과연. 그러기에.

难怪你不认识他，因为他没有来过这里。
어쩐지 네가 그를 모른다 했더니, 그가 여기에 온 적이 없었구나.

1296 ③ **难过** nánguò
- 톙 슬프다. 괴롭다.

奶奶去世了，他很**难过**。할머니가 돌아가셔서, 그는 아주 슬프다.

1297 ⑤ **难免** nánmiǎn
- 됭 면하기 어렵다.　**L6**

多年不见的朋友，见面后**难免**会喝一杯。
몇 년 동안 못 본 친구를 만난 후에는 술을 한 잔 하지 않을 수 없다.

1298 4 **难受** nánshòu　　형 상심하다. 몸이 불편하다.

因为公司破产了，他很**难受**。회사가 망해서, 그는 너무 상심이 크다.

1299 5 **脑袋** nǎodai　　명 머리. 두뇌.

脑袋疼得不能入睡。머리가 잠을 잘 수 없을 정도로 아프다.

1300 1 **呢** ne　　조 의문을 나타냄.

我去看电影，你**呢**? 나는 영화보러 가는데, 너는?

1301 4 **内** nèi　　명 내부. 안. 속.

闲人禁止入**内**。관계자 외 내부 출입 금지입니다.

1302 5 **内部** nèibù　　명 내부.　　**N**

这个问题，你们**内部**解决。이 문제는 너희 내부에서 해결해라.

1303 5 **内科** nèikē　　명 내과.

他是**内科**大夫。그는 내과 의사이다.

1304 4 **内容** nèiróng　　명 내용.

他学习新的**内容**。그는 새로운 내용을 배운다.

1305 5 **嫩** nèn　　형 부드럽다.

今天的豆腐很**嫩**。오늘 두부는 정말 부드럽다.

1306 1 **能** néng　　조동 ～할 수 있다.

我不**能**和你一起去了。나는 너와 같이 갈 수 없다.

1307 ⑤ **能干 nénggàn** 형 유능하다.

新来的职员很能干。 새로 온 직원은 매우 유능하다.

1308 ④ **能力 nénglì** 명 능력.

听说他很有能力。 듣자하니 그는 능력이 좋다.

1309 ⑤ **能源 néngyuán** 명 에너지. 에너지원.

节约能源，人人有责。 에너지 절약은 모든 사람의 책임이다.

1310 ⑤ **嗯 ng** 감 응. 어. (의문을 나타냄) **L6**

你去吗？´/ 嗯，我去。 너는 가니? / 응, 나는 가.

1311 ① **你 nǐ** 대 너. 당신.

你去哪儿？ 너 어디 가니?

1312 ① **年 nián** 양 년. 해.

事情过去三年了。 일이 지난 지도 3년이 되었다.

1313 ⑤ **年代 niándài** 명 시대.

新的年代到来了。 새로운 시대가 도래했다.

1314 ③ **年级 niánjí** 명 학년.

你现在几年级了？ 너는 지금 몇 학년이 되었니?

1315 ⑤ **年纪 niánjì** 명 나이.

你多大年纪？ 당신은 나이가 어떻게 되세요?

1316 ④ **年龄 niánlíng** 몡 연령.

我可以问你的年龄吗? 제가 당신의 연령을 물어봐도 될까요?

1317 ③ **年轻 niánqīng** 톙 어리다. 젊다.

他看上去很年轻。 그는 매우 어려 보인다.

1318 ⑤ **念 niàn** 됭 낭독하다. 읽다. 그리워하다.

我天天念课文。 나는 매일 본문을 낭독한다.

1319 ③ **鸟 niǎo** 몡 새.

天上飞着一只鸟。 하늘에 새 한 마리가 날아가고 있다.

1320 ② **您 nín** 떼 당신.

老师，您好! 선생님, 안녕하세요!

1321 ⑤ **宁可 nìngkě** 톰 차라리 ~할지언정.

我宁可不吃饭，也要做完作业。
나는 차라리 밥을 먹지 않을지언정, 숙제를 끝마쳐야 한다.

1322 ② **牛奶 niúnǎi** 몡 우유.

我从来没喝过牛奶。 나는 여태껏 우유를 마셔본 적이 없다.

1323 ⑤ **牛仔裤 niúzǎikù** 몡 청바지.

我只有一条牛仔裤。 나는 청바지가 한 벌밖에 없다.

1324 ⑤ **农村 nóngcūn** 몡 농촌. **L4**

他出生在农村。 그는 농촌에서 출생했다.

1325	5	农民 nóngmín	명 농민. 농부.

我不想当**农民**。 나는 농부가 되고 싶지 않다.

1326	5	农业 nóngyè	명 농업.

父母从事**农业**。 부모님은 농업에 종사하신다.

1327	5	浓 nóng	형 진하다.

这菜的味道特别**浓**。 이 요리의 맛이 특별히 진하다.

1328	4	弄 nòng	동 하다. 행하다. 만들다.

我没有**弄**明白。 나는 이해를 하지 못했다.

1329	3	努力 nǔlì	동 노력하다.

我一直在**努力**。 나는 줄곧 노력하고 있다.

1330	2	女 nǔ	명 여자.	C

这里没有**女**的。 이곳에는 여자가 없다.

1331	1	女儿 nǔ'ér	명 딸.

我**女儿**来了。 내 딸이 왔다.

1332	5	女士 nǔshì	명 여사. 숙녀. 부인.

这位**女士**，请问你去哪里？ 여사님, 실례지만 어디 가세요?

1333	4	暖和 nuǎnhuo	형 따뜻하다. 따사롭다.

天气越来越**暖和**了。 날씨가 점점 따뜻해졌다.

O

1334	5	欧洲 Ōuzhōu	명 유럽.	**L6**

我打算去**欧洲**旅行。 나는 유럽으로 여행 가려고 한다.

1335	4	偶尔 ǒu'ěr	부 가끔. 때때로.

我**偶尔**去看电影。 나는 가끔 영화를 보러 간다.

1336	5	偶然 ǒurán	형 우연하다.

一个**偶然**的机会，我认识了他。
우연한 기회에, 나는 그를 알게 되었다.

P

1337	3	爬山 páshān	동 산을 오르다.

明天一起去**爬山**吧。 내일 같이 등산을 갑시다.

1338	5	拍 pāi	동 치다. (사진을) 찍다.

他**拍**了一下自己的头说：明白了。
그는 자신의 머리를 한번 치고는 이해했다고 말했다.

1339	4	排队 páiduì	동 줄을 서다.	**L5**

大家**排队**买，一个一个来。 여러분 줄을 서서 한 명씩 사세요.

| 1340 | 4 | 排列 páiliè | 동 정렬하다. 배열하다. |

房子排列得很整齐。 집이 가지런히 정렬되어 있다.

| 1341 | 5 | 派 pài | 동 파견하다. |

上面派了三个人来。 상부에서 세 사람을 파견했다.

| 1342 | 3 | 盘子 pánzi | 명 쟁반. 접시. |

把菜放到盘子里。 요리를 접시에 담았다.

| 1343 | 4 | 判断 pànduàn | 동 판단하다. 판정하다. |

判断句子的正误很容易。 문장의 정오를 판단하는 것은 쉽다.

| 1344 | 5 | 盼望 pànwàng | 동 간절히 바라다. |

他盼望考上好的大学。 그는 좋은 대학에 붙기를 간절히 바란다.

| 1345 | 2 | 旁边 pángbiān | 명 옆. 곁. |

旁边没有人。 옆에 사람이 없다.

| 1346 | 3 | 胖 pàng | 형 뚱뚱하다. |

他很胖，想减肥。 그는 너무 뚱뚱해서, 다이어트를 하고 싶어한다.

| 1347 | 2 | 跑步 pǎobù | 동 달리다. 구보하다. |

每天早上都跑步。 매일 아침 달리기를 한다.

| 1348 | 4 | 陪 péi | 동 모시다. 동반하다. |

你陪我逛街吧。 나와 거리 구경을 가자.

| 1349 | 5 | 培训 péixùn | 图 양성하다. 육성하다. | L6 |

人事部职员培训新来的职员。 인사부 직원은 새로온 직원을 양성한다.

| 1350 | 5 | 培养 péiyǎng | 图 기르다. 배양하다. 양성하다. |

我们应该培养良好的习惯。 우리는 좋은 습관을 길러야 한다.

| 1351 | 5 | 赔偿 péicháng | 图 배상하다. 변상하다. |

我赔偿了他五万。 나는 그에게 오만 위안을 배상했다.

| 1352 | 5 | 佩服 pèifú | 图 감탄하다. 탄복하다. |

我很佩服他的能力。 나는 그의 능력에 감탄했다.

| 1353 | 5 | 配合 pèihé | 图 협동하다. 협력하다. |

我会配合你的工作。 나는 네 일에 협력할 수 있다.

| 1354 | 5 | 盆 pén | 圆 화분. 대야.
양 대야나 화분 등의 수량을 세는 데 쓰임. |

我想把这个花盆放到阳台上。
나는 이 화분을 베란다에 놓아두려고 한다.

他把一盆水都泼地上了。 그는 대야의 물을 모두 길에 뿌렸다.

| 1355 | 1 | 朋友 péngyǒu | 圆 친구. |

我们都是好朋友。 우리는 다 좋은 친구이다.

| 1356 | 5 | 碰 pèng | 图 부딪히다. (우연히) 만나다. | C |

不小心碰到桌子了。 조심하지 못해 책상에 부딪혔다.

1357 5 批 pī　　　　　　　　양 무리. 떼. 패.

在超市里刚进来一批新鲜的鱼。
마트에 신선한 물고기 한 무리가 방금 들어왔다.

1358 4 批评 pīpíng　　　　　　동 지적하다. 비판하다.

你批评得很对。당신은 아주 정확하게 지적한다.

1359 5 批准 pīzhǔn　　　　　　동 허가하다. 비준하다.

他的申请被批准了。그의 신청은 허가되었다.

1360 5 披 pī　　　　　　　　동 덮다. 걸치다.

你披上衣服吧。옷을 걸치세요.

1361 4 皮肤 pífū　　　　　　　명 피부.

她的皮肤很黑。그녀의 피부는 검다.

1362 3 皮鞋 píxié　　　　　　　명 가죽 구두.

刚买的一双皮鞋就坏了。방금 산 가죽 구두 한 켤레가 망가졌다.

1363 5 疲劳 píláo　　　　　　형 피곤하다.
　　　　　　　　　　　　　명 피로.

我现在很疲劳。나는 지금 너무 피곤하다.
这种药能帮助消除疲劳。이 약은 피로를 해소하는데 도움이 된다.

1364 3 啤酒 píjiǔ　　　　　　　명 맥주.

他每顿饭都喝一瓶啤酒。그는 매 끼니마다 맥주 한 병을 마신다.

1365 4 脾气 píqi　　　　　　　명 성격. 기질.

他**脾气**很不好。 그는 성격이 정말 별로다.

1366 **5** 匹 pǐ   양 필. (말이나 노새 등을 세는 데 쓰임)

"狼"的量词也是"**匹**"。 '이리'의 양사 또한 '필'이다.

1367 **4** 篇 piān   양 편. 장. (문장이나 종이 등을 세는 데 쓰임)

他写的那**篇**报道很生动。 그가 쓴 그 보도는 정말 생동감이 있다.

1368 **2** 便宜 piányi   형 값이 싸다.

房子不**便宜**。 집이 비싸다.

1369 **5** 片 piàn   양 편. (편평하고 얇은 모양의 것에 쓰임)

最后的一**片**树叶从树上飘落下来了。
마지막 나뭇잎이 나무에서 흩날리며 떨어졌다.

1370 **5** 片面 piànmiàn   형 단편적이다. 일방적이다.

看问题要全面，不要**片面**。
문제를 볼 때는 전면적으로 봐야지, 단편적으로 보아서는 안 된다.

1371 **4** 骗 piàn   동 속이다. 기만하다.

我被**骗**了。 나는 속았다.

1372 **5** 飘 piāo   동 바람에 나부끼다.

天上**飘**着很多云。 하늘에 많은 구름이 바람에 나부낀다.

1373 **2** 票 piào   명 표.

你拿到**票**了吗？ 표 받았니?

1374 **1** 漂亮 piàoliang　　　　圐 예쁘다. 아름답다.

她长得很漂亮。 그녀는 예쁘게 생겼다.

1375 **5** 拼音 pīnyīn　　　　圕 병음. (중국어에서 자음+모음+성조로
　　　　　　　　　　　　　　구성된 음절을 가리킴)　**N**

学汉语先要学习拼音。
중국어를 공부할 때는 먼저 병음을 공부해야 한다.

1376 **5** 频道 píndào　　　　圕 채널.

换个频道吧，这个频道没有意思。
채널 바꿔, 이 채널은 재미없어.

1377 **4** 乒乓球 pīngpāngqiú　　　圕 탁구.

我喜欢打乒乓球。 나는 탁구 치는 것을 좋아한다.

1378 **5** 平 píng　　　　圐 평평하다. 평탄하다.

前面的路不平。 앞의 길이 평평하지 않다.

1379 **5** 平安 píng'ān　　　　圐 평안하다. 편안하다.　**C**

一路平安！ 가시는 길이 평안하기를 빕니다!

1380 **5** 平常 píngcháng　　　　圐 보통이다.
　　　　　　　　　　　　　　圕 평소.

这只是一件平常的衣服。 이것은 단지 평상복일 뿐이다.

平常他这个时间已经起床了。
평소 그는 이 시간에 이미 일어난다.

1381 **5** 平等 píngděng　　　　圐 동등한 대우를 받다. 평등하다.
　　　　　　　　　　　　　　圕 평등.

人人平等没有贵贱之分。
사람은 누구나 동등한 대우를 받으며 귀천은 없다.

人人渴望平等不希望被小看。
사람은 누구나 평등을 갈망하지, 얕보이기를 바라지 않는다.

1382 ⑤ **平方** píngfāng   몡 제곱. 평방.

那个小房间只有三平方米。 그 작은 집은 3제곱미터 밖에 안 된다.

1383 ⑤ **平衡** pínghéng   동 균형을 맞추다.
                                              혱 균형이 맞다. 평형하다.

我们要平衡心里的矛盾。 우리는 마음속 모순의 균형을 맞춰야 한다.

她每个月都花很多钱，无法维持收支平衡。
그녀는 매달 많은 돈을 써서, 수입과 지출의 균형을 유지할 수가 없다.

1384 ⑤ **平静** píngjìng   혱 고요하다. 조용하다.

心情很平静。 마음이 아주 고요하다.

1385 ⑤ **平均** píngjūn   혱 평균적인. 균등한.

这个班的平均分数很高。 이 반의 평균 점수는 매우 높다.

1386 ④ **平时** píngshí   몡 평소. 평상시.

他平时不喜欢早起。 그는 평소에 일찍 일어나는 것을 좋아하지 않는다.

1387 ⑤ **评价** píngjià   동 평가하다.

我们评价一下他的作品。 우리 그의 작품을 평가해 봅시다.

1388 ① **苹果** píngguǒ   몡 사과.

孩子爱吃苹果。 아이는 사과 먹는 것을 좋아한다.

| 1389 | 5 | 凭 píng | 전 ~에 근거하여. ~에 따라. |

你凭什么说我不爱劳动?
너는 무엇에 근거해서 내가 일하기를 싫어한다고 말하는 거니?

| 1390 | 3 | 瓶子 píngzi | 명 병. | L4 |

原来啤酒瓶子可以卖钱。본래 맥주병은 팔아서 돈으로 바꿀 수 있다.

| 1391 | 5 | 迫切 pòqiè | 형 절박하다. 긴박하다. |

我迫切需要那本书。나는 그 책을 간절히 원한다.

| 1392 | 4 | 破 pò | 동 파손되다. 찢어지다. |

你的衣服破了,让别人给补一下吧。
너의 옷이 찢어졌으니, 다른 사람에게 수선해 달라고 해.

| 1393 | 5 | 破产 pòchǎn | 동 파산하다. 도산하다. |

那家公司宣布破产了。그 회사는 파산했다고 선포했다.

| 1394 | 5 | 破坏 pòhuài | 동 파괴하다. |

不能破坏公物。공공 기물을 파괴하면 안 됩니다.

| 1395 | 4 | 葡萄 pútao | 명 포도. | L3 |

我爱吃葡萄。나는 포도를 좋아한다.

| 1396 | 4 | 普遍 pǔbiàn | 형 보편적인. 일반적인. |

这种现象很普遍。이런 현상은 매우 보편적이다.

| 1397 | 4 | 普通话 pǔtōnghuà | 명 현대 중국 표준어. | L3 |

我不会说普通话。나는 표준어를 할 줄 모른다.

| 1398 | **1** | 七 qī | 🔢 7. 일곱. |

七个小朋友在一起玩儿。 일곱 명의 어린아이들이 같이 논다.

| 1399 | **2** | 妻子 qīzi | 🔵 아내. |

我爱我的**妻子**。 나는 내 아내를 사랑한다.

| 1400 | **5** | 期待 qīdài | 🔵 기대하다. |

我**期待**他尽快回来。 나는 그가 가능한 한 빨리 돌아오기를 기대한다.

| 1401 | **5** | 期间 qījiān | 🔵 기간. 시간. |

我不在家**期间**，有人来过吗？ 내가 집에 없을 때 누가 왔었습니까?

| 1402 | **4** | 其次 qícì | 🔵 순서상으로 부차적인 것. |

工资是**其次**，重要的是是否喜欢自己的工作。
월급은 부차적인 것이고, 중요한 것은 자신의 직업을 좋아하는지 싫어하는 지이다.

| 1403 | **3** | 其实 qíshí | 🔵 사실. 기실. |

其实我不认识他。 사실 나는 그를 모른다.

| 1404 | **3** | 其他 qítā | 🔵 그 외. 기타. |

还有**其他**事儿吗？ 또 다른 일이 있습니까?

| 1405 | **5** | 其余 qíyú | 🔵 나머지. 남은 것. |

四个人留下，**其余**的都可以走了。
네 사람은 남으시고, 나머지 사람들은 다 가져도 됩니다.

| 1406 | 4 | 其中 qízhōng | 명 그중. 그 안. |

班里有20个学生，其中10个是韩国人。
반에 20명의 학생이 있는데, 그중 10명은 한국인이다.

| 1407 | 3 | 奇怪 qíguài | 형 이상하다. 괴이하다. |

这件事情很奇怪。 이 일은 정말 이상하다.

| 1408 | 5 | 奇迹 qíjì | 명 기적. |

奇迹出现了，他苏醒了过来。 그가 다시 살아나는 기적이 일어났다.

| 1409 | 3 | 骑 qí | 동 타다. |

他在练习骑马。 그는 지금 말타기 연습 중이다.

| 1410 | 5 | 企业 qǐyè | 명 기업. |

这是一家家族企业。 이곳은 가족 기업이다.

| 1411 | 5 | 启发 qǐfā | 명 영감. 깨우침.
동 일깨우다. 계발하다. |

老师的话，给了我启发。 선생님의 말씀이 내게 영감을 주었다.

我终于启发了，那道题解出来。
나는 마침내 영감이 떠올라, 그 문제를 풀었다.

| 1412 | 2 | 起床 qǐchuáng | 동 (잠자리에서) 일어나다. |

快起床，十点了。 빨리 일어나, 열 시나 되었어.

| 1413 | 3 | 起飞 qǐfēi | 동 이륙하다. | **L4** |

飞机已经起飞了。 비행기는 이미 이륙했다.

| 1414 | 3 | 起来 qǐlái | 통 일어나다. | L4 |

快起来，地上太凉了。 빨리 일어나라, 바닥이 너무 차다.

| 1415 | 5 | 气氛 qìfēn | 명 분위기. |

家里的气氛很不好。 집안의 분위기가 안 좋다.

| 1416 | 4 | 气候 qìhòu | 명 기후. |

昆明气候如春。 쿤밍의 기후는 봄과 같다.

| 1417 | 5 | 汽油 qìyóu | 명 휘발유. 가솔린. |

汽油越来越贵。 휘발유가 갈수록 비싸다.

| 1418 | 2 | 千 qiān | 수 1,000. 천. |

广场上有两千人。 광장에 2천 명이 있다.

| 1419 | 4 | 千万 qiānwàn | 부 절대. 부디. 제발. |

你千万别告诉他这个秘密。
너는 절대 이 비밀을 그에게 알려서는 안 된다.

| 1420 | 2 | 铅笔 qiānbǐ | 명 연필. | L3 |

帮我买一支铅笔。 연필 한 자루를 사다주세요.

| 1421 | 5 | 谦虚 qiānxū | 형 겸손하다. 겸허하다. |

他很谦虚。 그는 겸손하다.

| 1422 | 5 | 签 qiān | 통 서명하다. 사인하다. | C |

看完后，签上你的名字。 다 보신 후에, 이름을 서명하세요.

1423 ④ **签证** qiānzhèng   명 비자. 사증.

我获得了韩国签证。 나는 한국 비자를 받았다.

1424 ① **前面** qiánmiàn   명 앞. 앞쪽.

前面有一座大楼。 앞에는 큰 건물이 있다.

1425 ⑤ **前途** qiántú   명 전도. 전망. 미래.

前途很光明。 장래가 밝다.

1426 ① **钱** qián   명 돈.

多少钱? 얼마입니까?

1427 ⑤ **浅** qiǎn   형 얕다. 좁다.

河水很浅，可以走过去。 물이 얕아서 지나갈 수 있다.

1428 ⑤ **欠** qiàn   동 빚지다.

我欠他十万韩币。 나는 그에게 한국 돈 10만 원을 빚졌다.

1429 ⑤ **枪** qiāng   명 총.

兔子听到枪声，猛地从树林跳出来了。
토끼가 총소리를 듣고, 숲에서 갑자기 뛰쳐나왔다.

1430 ⑤ **强调** qiángdiào   동 강조하다.

我再强调一遍，不能迟到。
제가 다시 한 번 강조합니다만, 지각해서는 안 됩니다.

1431 ⑤ **强烈** qiángliè   형 강렬하다. 맹렬하다.

他的反应很强烈。 그의 반응은 아주 강렬하다.

1432 ⑤ **墙** qiáng　　　　　　　　圐 담장. 벽.　　　　　　　　**L4**

一堵**墙**，挡住了我们的去路。담 하나가 우리가 가는 길을 가로막았다.

1433 ⑤ **抢** qiǎng　　　　　　　　图 빼앗다. 약탈하다.

妈妈**抢**了他的玩具。엄마는 그의 장난감을 빼앗았다.

1434 ⑤ **悄悄** qiāoqiāo　　　　　　图 은밀히. 몰래.

她**悄悄**地告诉他公司的机密。
그녀는 회사의 기밀을 몰래 그에게 알려주었다.

1435 ④ **敲** qiāo　　　　　　　　图 두드리다.

敲一下门再进去吧。문을 한번 두드리고 다시 들어가자.

1436 ④ **桥** qiáo　　　　　　　　圐 다리. 교량.

一座**桥**横跨在河水之上。다리 하나가 강 위에 가로질러 있다.

1437 ⑤ **瞧** qiáo　　　　　　　　图 보다. 구경하다.

让我**瞧**一下。제가 좀 볼게요.

1438 ④ **巧克力** qiǎokèlì　　　　　圐 초콜릿.

我早上只吃了一块**巧克力**。나는 아침에 초콜릿 한 개만 먹었다.

1439 ⑤ **巧妙** qiǎomiào　　　　　　圀 교묘하다.

这个工具制作得很**巧妙**。이 도구는 매우 교묘하게 제작되었다.

1440 ⑤ **切** qiē　　　　　　　　　图 끊다. 자르다.

他**切**了一块蛋糕吃。그는 케이크 한 조각을 잘라 먹었다.

1441 ⑤ **亲爱** qīn'ài   형 사랑하다. 친애하다.

他是我们最亲爱的人。 그는 우리가 가장 사랑하는 사람이다.

1442 ④ **亲戚** qīnqi   명 친척.

家里来亲戚了。 집에 친척이 오셨다.

1443 ⑤ **亲切** qīnqiè   형 친절하다.

大家都觉得老板很亲切。 다들 사장이 친절하다고 생각한다.

1444 ⑤ **亲自** qīnzì   부 직접. 손수. 친히.

他亲自过来了。 그가 직접 이쪽으로 왔다.

1445 ⑤ **勤奋** qínfèn   형 부지런하다. 열심히 하다.

那个学生很勤奋。 그 학생은 부지런하다.

1446 ⑤ **青** qīng   형 푸르다. 젊다.

我的嘴唇因寒冷而变青。 내 입술이 추워서 파랗게 변했다.

1447 ⑤ **青春** qīngchūn   명 청춘.

青春永远是美好的。 청춘은 영원히 아름다운 것이다.

1448 ⑤ **青少年** qīngshàonián   명 청소년.

青少年是国家的希望。 청소년은 국가의 희망이다.

1449 ④ **轻** qīng   형 가볍다.

他的动作很轻。 그의 동작이 가볍다.

1450 5 **轻视** qīngshì　　圖 무시하다. 경시하다.

这些细节都不容轻视。이런 세부적인 것들을 무시해서는 안 된다.

1451 4 **轻松** qīngsōng　　圖 부담이 없다. 수월하다.

考完了，大家都很轻松。시험이 끝나서 모두 부담이 없다.

1452 5 **轻易** qīngyì　　圖 함부로 하다. 경솔하다. 쉽다. 수월하다.
Ⓝ

我们都不能轻易放弃自己的理想。
우리는 모두 함부로 자신의 꿈을 포기해서는 안 된다.

1453 3 **清楚** qīngchu　　圖 뚜렷하다. 분명하다.

我看不清楚。나는 뚜렷하게 보이지 않는다.

1454 5 **清淡** qīngdàn　　圖 (음식이 기름지지 않고) 담백하다.

爷爷每天吃得很清淡。할아버지는 매일 매우 담백하게 식사를 하신다.

1455 5 **情景** qíngjǐng　　圖 광경. 정경.

眼前的情景让我想起了童年。
눈앞의 광경이 나의 어린 시절을 떠올리게 한다.

1456 4 **情况** qíngkuàng　　圖 상황. 정황. 형편. 사정.

外面是什么情况? 밖은 어떤 상황입니까?

1457 5 **情绪** qíngxù　　圖 기분. 마음.

他最近情绪不好。그는 최근에 기분이 좋지 않다.

1458 2 **晴** qíng　　圖 하늘이 맑다.

天晴了。하늘이 맑아졌다.

| 1459 | **1** | 请 qǐng | 图 청하다. 부탁하다. |

你去请老师来。 너는 가서 선생님을 모시고 와라.

| 1460 | **3** | 请假 qǐngjià | 图 휴가를 신청하다. | **L4** |

老师不让我请假。 선생님은 내가 휴가를 신청하지 못하도록 하셨다.

| 1461 | **5** | 请求 qǐngqiú | 图 요구. 요청. |
| | | | 图 부탁하다. 요청하다. |

妈妈接受了我的请求。 엄마는 내 요구를 들어주셨다.

我请求妈妈同意我去留学。
나는 엄마에게 내가 유학 가는 것에 동의해 달라고 부탁드렸다.

| 1462 | **5** | 庆祝 qìngzhù | 图 경축하다. |

我给他庆祝生日。 나는 그에게 생일을 축하해 주었다.

| 1463 | **4** | 穷 qióng | 图 빈곤하다. 궁하다. |

他家里很穷。 그의 집은 빈곤하다.

| 1464 | **3** | 秋 qiū | 图 가을. |

春夏秋冬，我最喜欢秋。
봄·여름·가을·겨울 중, 나는 가을이 가장 좋다.

| 1465 | **5** | 球迷 qiúmí | 图 구기 운동 팬. |

他是足球迷。 그는 축구 팬이다.

| 1466 | **4** | 区别 qūbié | 图 차이. 구별. |

两件事儿有很大的区别。 두 가지 일에는 큰 차이가 있다.

1467	⑤	趋势 qūshì	몡 추세.

天气有越来越冷的**趋势**。 날씨가 점점 추워지는 추세를 보인다.

1468	④	取 qǔ	통 찾다. 찾아 가지다. 받다.

我去银行**取**钱了。 나는 은행에 가서 돈을 찾았다.

1469	⑤	取消 qǔxiāo	통 취소하다.

明天的会议**取消**了。 내일 회의는 취소되었다.

1470	⑤	娶 qǔ	통 장가들다. 아내를 얻다.

他**娶**了校长的女儿。 그는 교장 선생님의 딸에게 장가들었다.

1471	①	去 qù	통 가다. 떠나다.

我**去**厕所。 나는 화장실에 간다.

1472	②	去年 qùnián	몡 작년.

我**去年**来的。 나는 작년에 왔다.

1473	⑤	去世 qùshì	통 돌아가다. 세상을 뜨다.

姥姥**去世**了。 외할머니는 돌아가셨다.

1474	⑤	圈 quān	몡 주위. 둘레. 주변.

首都**圈**的人口密度大。 수도권의 인구 밀도가 높다.

1475	⑤	权力 quánlì	몡 권력.

皇帝有很大的**权力**。 황제는 큰 권력을 갖고 있다.

| 1476 | 5 | 权利 quánlì | 명 권리. |

每个人都有受教育的权利。모든 사람은 다 교육받을 권리가 있다.

| 1477 | 4 | 全部 quánbù | 명 전부. 전체. 모두. |

这就是事情的全部。이것이 바로 사건의 전부이다.

| 1478 | 5 | 全面 quánmiàn | 형 전면적이다. 전반적이다. |

这件事可以说是全面的改革。
이 일은 전면적인 개혁이라고 말할 수 있다.

| 1479 | 5 | 劝 quàn | 통 권고하다. 권하다. |

老师劝他不要退学。선생님께서 그에게 퇴학하지 말라고 권고했다.

| 1480 | 4 | 缺点 quēdiǎn | 명 단점. 결점. |

每个人都有缺点。사람은 누구나 단점이 있다.

| 1481 | 5 | 缺乏 quēfá | 통 모자라다. |

他缺乏耐心。그는 인내심이 모자란다.

| 1482 | 4 | 缺少 quēshǎo | 통 부족하다. 모자라다. |

会议还缺少三个人。회의에는 아직 세 명이 부족하다.

| 1483 | 4 | 却 què | 부 오히려. 도리어. 반대로. |

我来早了，他却迟到了。나는 일찍 왔지만, 그가 오히려 지각했다.

| 1484 | 5 | 确定 quèdìng | 통 확정하다. |

是不是他，我还不确定。
그 사람인지 아닌지, 나는 아직 확정할 수 없다.

1485 ⑤ 确认 quèrèn　　　　　图 확인하다.

我已经确认不是他做的了。
나는 이미 그가 한 것이 아니라는 것을 확인했다.

1486 ④ 确实 quèshí　　　　　图 정말로. 확실히.

我确实不知道他。 나는 정말로 그를 모른다.

1487 ③ 裙子 qúnzi　　　　　图 치마.

她的裙子很漂亮。 그녀의 치마는 예쁘다.

1488 ⑤ 群 qún　　　　　양 무리. 떼.　　L4

一群孩子在外面又吵又闹。
한 무리의 아이들이 밖에서 시끄럽게 떠든다.

新HSK1~5급 R

1489 ④ 然而 rán'ér　　　　　图 그러나. 하지만. 그렇지만.

我想见到他，然而又怕见到他。
나는 그를 보고 싶지만, 그를 보는 것도 두렵다.

1490 ③ 然后 ránhòu　　　　　图 그런 후에. 그다음에.

先吃饭，然后看电视。 먼저 밥을 먹고 나서 텔레비전을 본다.

1491	5	**燃烧** ránshāo	图 연소하다. 타다.

煤炭在**燃烧**。 석탄이 연소하고 있다.

1492	2	**让** ràng	图 사양하다. 양보하다.
			전 ~하게 하다.

让一下，**让**一下。 비켜주세요, 비켜주세요.
我没有**让**他过来。 나는 그에게 오라고 하지 않았어.

1493	5	**绕** rào	图 돌다. 맴돌다.

我**绕**着山转了一圈儿。 나는 산을 한 바퀴 돈다.

1494	1	**热** rè	형 덥다. 뜨겁다.

天气很**热**。 날씨가 덥다.

1495	5	**热爱** rè'ài	图 (국가 · 민족 등을) 뜨겁게 사랑하다.

我**热爱**我的祖国。 나는 내 조국을 뜨겁게 사랑한다.

1496	5	**热烈** rèliè	형 열렬하다. 열정적이다.

我**热烈**欢迎大家的到来。 저는 여러분이 오신 것을 열렬히 환영합니다.

1497	4	**热闹** rènao	형 번화하다. 흥성거리다. 떠들썩하다.

外面很**热闹**。 바깥은 아주 시끌벅적하다.

1498	3	**热情** rèqíng	형 열정적이다. 친절하다.

谢谢你的**热情**款待。 당신의 열정적인 환대에 감사드립니다.

1499	5	**热心** rèxīn	图 열심이다. 열성적이다.

我叔叔办事总不**热心**。 내 숙부는 일을 늘 열심히 하지 않는다.

1500 **1** **人** rén   명 사람. 인간.

三个**人**就是一支队伍。 세 명은 한 부대이다.

1501 **5** **人才** réncái   명 인재.

他是计算机方面的**人才**。 그는 컴퓨터 방면의 인재이다.

1502 **5** **人口** rénkǒu   명 인구.

应该控制**人口**增长。 인구 증가를 억제해야 한다.

1503 **5** **人类** rénlèi   명 인류.

人类的未来靠大家。 인류의 미래는 여러분에게 달려있다.

1504 **5** **人民币** rénmínbì   명 인민폐. (중국의 법정 화폐)   **L4**

我现在没有**人民币**了。 나는 지금 인민폐가 없다.

1505 **5** **人生** rénshēng   명 인생.

人生无常，珍惜现在每一天。
인생무상이니, 지금 하루하루를 소중히 여겨라.

1506 **5** **人事** rénshì   명 인사. 인간사.

他是**人事**处处长。 그는 인사처 처장이다.

1507 **5** **人物** rénwù   명 인물.

今天来了一个重要**人物**。 오늘은 중요한 인물 한 분이 오셨다.

| 1508 | 5 | 人员 rényuán | 몡 인원. 요원. |

实验室人员应该穿防护服。
실험실 요원은 반드시 방호복을 입어야 한다.

| 1509 | 5 | 忍不住 rěnbuzhù | 동 참을 수 없다. 견딜 수 없다. |

太有意思了，我忍不住笑了起来。
정말 재미있어서, 나는 참지 못하고 웃었다.

| 1510 | 1 | 认识 rènshi | 동 알다. 인식하다. |

你认识他们俩吗？ 너는 그들 두 사람을 알아?

| 1511 | 3 | 认为 rènwéi | 동 ~라고 생각하다. ~라고 여기다. |

我认为这个问题很严重。 나는 이 문제가 심각하다고 생각한다.

| 1512 | 3 | 认真 rènzhēn | 혱 진지하다. 착실하다. |

我没有开玩笑，我是认真的。 농담이 아니라 진담이야.

| 1513 | 4 | 任何 rènhé | 때 어떠한. |

不能出任何问题。 어떠한 문제도 나올 수 없다.

| 1514 | 4 | 任务 rènwu | 몡 임무. |

一定要完成任务。 반드시 임무를 완성해야 한다.

| 1515 | 4 | 扔 rēng | 동 던지다. |

把这些东西扔出去。 이 물건들을 던져 버리세요.

| 1516 | 4 | 仍然 réngrán | 부 여전히. 변함없이. |

我**仍然**不明白这个道理。 나는 여전히 이 도리를 이해하지 못한다.

1517 ② 日 rì   명 해. 일. 날.   **L1**

我参加了一个三**日**游项目。 나는 3일간의 여행에 참여했다.

1518 ⑤ 日常 rìcháng   형 일상의. 일상적인.

这些都是一些**日常**用品。 이것들은 모두 일상용품들이다.

1519 ⑤ 日程 rìchéng   명 일정.

安排一下这个旅游**日程**。 이번 여행 일정을 안배하세요.

1520 ④ 日记 rìjì   명 일기.

他每天都写**日记**。 그는 매일 일기를 쓴다.

1521 ⑤ 日历 rìlì   명 달력.

我刚才看了一下**日历**。 나는 방금 달력을 잠시 봤다.

1522 ⑤ 日期 rìqī   명 날짜. 기간.

我记错**日期**了。 내가 날짜를 잘못 기억했다.

1523 ⑤ 日用品 rìyòngpǐn   명 일용품.

今天买了一些**日用品**。 오늘 일용품을 좀 구입했다.

1524 ⑤ 日子 rìzi   명 날. 날짜. 시간. 생활.   **N**

今天是什么**日子**? 오늘은 무슨 날입니까?

1525 ③ 容易 róngyì   형 쉽다.

这个问题很**容易**。 이 문제는 아주 쉽다.

1526 ③ **如果** rúguǒ 접 만약.

如果你不来，就给我打个电话。 만약 네가 못 오면 내게 전화해.

1527 ⑤ **如何** rúhé 대 어떠한가.

最近他的生意如何？ 요즘 그의 사업은 어때요?

1528 ⑤ **如今** rújīn 명 현재. 이제. 오늘날.

如今的日子好过多了。 현재의 생활은 여유가 많이 있다.

1529 ④ **入口** rùkǒu 명 입구.

公园入口在那边。 공원 입구는 저쪽에 있다.

1530 ⑤ **软** ruǎn 형 부드럽다. **L4**

面条很软，让奶奶吃一点儿。
국수가 부드러워서 할머니께 좀 드시라고 했다.

1531 ⑤ **软件** ruǎnjiàn 명 소프트웨어.

他是做软件的。 그는 소프트웨어를 만든다.

1532 ⑤ **弱** ruò 형 약하다. 허약하다.

孩子的身体还很弱。 아이의 몸이 아직은 허약하다.

1533	**5**	洒 sǎ	图 뿌리다.

给花洒一些水。 꽃에 물을 좀 뿌리세요.

1534	**1**	三 sān	㊄ 3. 셋.

我家有三口人。 우리 집은 식구가 세 명이다.

1535	**3**	伞 sǎn	圀 우산.

下雨了，要买一把伞。 비가 오니, 우산 한 개를 사야겠다.

1536	**4**	散步 sànbù	图 산책하다.

我和妈妈一起散步了。 나는 엄마와 같이 산책했다.

1537	**5**	嗓子 sǎngzi	圀 목소리.

嗓子有点儿疼。 목이 좀 아프다.

1538	**5**	色彩 sècǎi	圀 색채. 색깔.

L6

自然的色彩最美丽。 자연의 색채가 가장 아름답다.

1539	**4**	森林 sēnlín	圀 숲. 삼림.

我在森林中迷路了。 나는 숲에서 길을 잃었다.

1540	**5**	杀 shā	图 죽이다. 살해하다.

猫杀了几只鸡。 고양이가 닭을 몇 마리 죽였다.

1541 ④ **沙发** shāfā 명 소파.

一只狗坐在沙发上。강아지 한 마리가 소파에 앉아 있다.

1542 ⑤ **沙漠** shāmò 명 사막.

沙漠里容易迷路。사막에서는 길을 잃기 쉽다.

1543 ⑤ **沙滩** shātān 명 백사장. 모래사장.

孩子们在沙滩上玩儿。아이들이 백사장에서 논다.

1544 ⑤ **傻** shǎ 형 어리석다. 우둔하다.

他好像傻了一样。그는 멍청해진 것 같다.

1545 ⑤ **晒** shài 동 햇볕에 말리다. 햇볕을 쬐다.

你把衣服晒一下。옷을 햇볕에 말리세요.

1546 ⑤ **删除** shānchú 동 삭제하다. 지우다.

那个文件已经被我删除了。그 문서는 이미 내가 삭제했다.

1547 ⑤ **闪电** shǎndiàn 명 번개.

闪电之后就是一阵很大的雷声。
번개가 친 후 바로 큰 천둥소리가 났다.

1548 ⑤ **扇子** shànzi 명 부채.

扇子从很久以前开始就成了工艺品。
부채는 오래 전부터 공예품이 되었다.

1549 ⑤ **善良** shànliáng 형 선량하다. 착하다.

这里的村民很善良。 이곳 마을 주민은 아주 선량하다.

| 1550 | ⑤ | 善于 shànyú | 통 ~에 능하다. ~를 잘하다. |

他很善于分析问题。 그는 문제분석에 아주 능하다.

| 1551 | ⑤ | 伤害 shānghài | 통 다치게 하다. 손상하다. 해치다. Ⓝ |

别伤害孩子。 아이를 다치게 하지 마세요.

| 1552 | ④ | 伤心 shāngxīn | 통 상심하다. 슬퍼하다. |

她突然伤心起来了。 그녀는 갑자기 상심했다.

| 1553 | ① | 商店 shāngdiàn | 명 상점. |

附近有一家商店。 부근에 상점이 하나 있다.

| 1554 | ④ | 商量 shāngliang | 통 상의하다. 의논하다. 협의하다. |

我要和爸爸商量一下。 저는 아빠와 상의하고 싶어요.

| 1555 | ⑤ | 商品 shāngpǐn | 명 상품. |

商店里有很多商品。 상점에는 많은 상품이 있다.

| 1556 | ⑤ | 商务 shāngwù | 명 상업상의 용무(사무). 상무. Ⓝ |

他是我的商务顾问。 그는 내 비즈니스 고문이다.

| 1557 | ⑤ | 商业 shāngyè | 명 상업. 비즈니스. |

这里的商业很不发达。 이곳의 상업은 발달하지 않았다.

1558	**1**	上 shàng	몡 위.
			혱 먼저의, 앞의.
			동 오르다. 타다.

手机在桌子上。 휴대전화는 책상 위에 있다.

上星期你在哪儿? 지난 주에 너는 어디에 있었니?

快上车吧! 차에 빨리 타!

| 1559 | **2** | 上班 shàngbān | 동 출근하다. |

今天不去上班了。 오늘은 출근하지 않겠다.

| 1560 | **5** | 上当 shàngdàng | 동 속다. 꾐에 빠지다. |

小心别上当。 사기당하지 않도록 조심해라.

| 1561 | **3** | 上网 shàngwǎng | 동 인터넷을 하다. |

这里有Wi-Fi可以上网。 이곳은 Wi-Fi가 있어 인터넷을 할 수 있다.

| 1562 | **1** | 上午 shàngwǔ | 몡 오전. |

小孩儿玩儿了一个上午。 아이는 오전 내내 놀았다.

| 1563 | **4** | 稍微 shāowēi | 뿐 조금. 약간. |

稍微休息一下。 잠시 쉬자.

| 1564 | **4** | 勺子 sháozi | 몡 수저. 국자. | **L5** |

韩国人吃饭用一把勺子。 한국인은 숟가락으로 밥을 먹는다.

| 1565 | **1** | 少 shǎo | 혱 적다. |

饭太少了，不够吃。 밥이 너무 적어서, 먹기에 부족하다.

1566 ⑤ 蛇 shé　　　　　　　　　명 뱀.

我很怕一条蛇。 나는 뱀을 정말 무서워한다.

1567 ⑤ 舍不得 shěbude　　　　동 헤어지기 섭섭해하다.

我舍不得离开这里。 나는 이곳을 떠나기가 섭섭하다.

1568 ⑤ 设备 shèbèi　　　　　　명 설비. 시설.

这家农场自己有发电设备。
이 농장은 발전설비가 갖추어져 있다.

1569 ⑤ 设计 shèjì　　　　　　　동 설계하다. 디자인하다.

这个房子设计得很合理。 이 집은 합리적으로 설계되었다.

1570 ⑤ 设施 shèshī　　　　　　명 시설.

这所学校的设施很齐全。 이 학교의 시설은 잘 갖춰져 있다.

1571 ④ 社会 shèhuì　　　　　　명 사회.

中国是社会主义社会。 중국은 사회주의 사회이다.

1572 ⑤ 射击 shèjī　　　　　　　명 사격. 동 사격하다. 쏘다.

我要练习射击。 나는 사격연습을 하려고 한다.

1573 ⑤ 摄影 shèyǐng　　　　　동 사진을 찍다.

他的摄影技术还不错。 그의 사진 찍는 기술은 그런대로 좋다.

1574 ① 谁 shéi　　　　　　　　대 누구. 누가.

他是谁? 그는 누구인가?

| 1575 | 4 | **申请** shēnqǐng | 동 신청하다. |

申请的人太多了。 신청하는 사람이 너무 많다.

| 1576 | 5 | **伸** shēn | 동 펴다. 내밀다. |

别把手伸出去。 손을 내밀지 마세요.

| 1577 | 5 | **身材** shēncái | 명 몸매. 체격. |

那个女孩儿的身材很好。 저 여자아이의 몸매는 좋다.

| 1578 | 5 | **身份** shēnfen | 명 신분. 지위. |

我还没有搞清楚他的身份。 나는 아직 그의 신분을 확실히 알지 못한다.

| 1579 | 2 | **身体** shēntǐ | 명 신체. 몸. |

身体健康最重要。 신체 건강이 가장 중요하다.

| 1580 | 4 | **深** shēn | 형 깊다. |

河水很深要多加小心。 강물이 깊으니, 조심해라.

| 1581 | 5 | **深刻** shēnkè | 형 인상이 깊다. |

我对济州岛的印象很深刻。 나는 제주도의 인상이 매우 깊다.

| 1582 | 1 | **什么** shénme | 대 어떤. 무슨. 무엇. |

你喜欢什么? 너는 무엇을 좋아하니?

| 1583 | 5 | **神话** shénhuà | 명 신화. |

这只是一个神话故事。 이것은 단지 신화 이야기일 뿐이다.

| 1584 | ⑤ | **神秘** shénmì | 톙 신비하다. |

他的行动很神秘。그의 행동은 아주 신비하다.

| 1585 | ④ | **甚至** shènzhì | 閍 심지어. ~까지도. |

我没见过他，甚至没有听说过有这个人。
나는 그를 본적이 없고, 심지어 이런 사람이 있다는 것을 들어 본 적도 없다.

| 1586 | ⑤ | **升** shēng | 동 오르다. 올라가다. |

太阳升起来了。태양이 떠올랐다.

| 1587 | ② | **生病** shēngbìng | 동 병이 나다. |

我生病了，今天不能去上课了。
나는 병이 나서, 오늘 수업에 갈 수 없다.

| 1588 | ⑤ | **生产** shēngchǎn | 동 생산하다. |

一天生产三百套西装。하루에 300벌의 양복을 생산한다.

| 1589 | ⑤ | **生动** shēngdòng | 톙 생동감 있다. 생동하다. |

他讲得很生动。그는 매우 생동감 있게 이야기한다.

| 1590 | ④ | **生活** shēnghuó | 몡 생활. |

人们都渴望美好的生活。사람들은 모두 아름다운 생활을 갈망한다.

| 1591 | ④ | **生命** shēngmìng | 몡 생명. |

生命最可贵。생명이 가장 귀하다.

| 1592 | ③ | **生气** shēngqì | 동 화내다. |

别和他说话，他很生气。그와 말하지 마세요, 그는 화가 났습니다.

1593 ② 生日 shēngri 명 생일.

明天是我的生日。 내일은 내 생일이다.

1594 ④ 生意 shēngyi 명 장사. 사업. 일. 직업. **C**

最近生意很好。 최근 장사가 잘된다.

1595 ⑤ 生长 shēngzhǎng 동 자라다. 성장하다. **N**

森林里生长着很多动物。 숲에 많은 동물이 자라고 있다.

1596 ⑤ 声调 shēngdiào 명 성조.

汉语是有声调的语言。 중국어는 성조가 있는 언어이다.

1597 ③ 声音 shēngyīn 명 소리. 목소리.

我没有听到任何声音。 나는 어떤 소리도 듣지 못했다.

1598 ⑤ 绳子 shéngzi 명 밧줄. 새끼.

你给我一根绳子。 저에게 밧줄 하나를 주세요.

1599 ④ 省 shěng 동 절약하다.

他省了很多钱。 그는 많은 돈을 절약했다.

1600 ⑤ 省略 shěnglüè 동 생략하다.

这本教材省略了很多内容。 이 교재는 많은 내용을 생략했다.

1601 ⑤ 胜利 shènglì 명 승리.
동 승리하다.

坚持就是胜利。 꾸준하게 지속하는 것이 바로 승리하는 것이다.
他胜利了，我们输了。 그가 이겼고, 우리는 졌다.

| 1602 | 4 | **剩 shèng** | 동 남다. |

还**剩**四个包子了。 네 개의 만두가 아직 남았다.

| 1603 | 4 | **失败 shībài** | 명 실패. 동 실패하다. |

不要抱怨你的**失败**。 네 실패를 원망하지 마라.

| 1604 | 5 | **失眠 shīmián** | 동 잠을 이루지 못하다. |

我经常**失眠**。 나는 자주 잠을 이루지 못한다.

| 1605 | 5 | **失去 shīqù** | 동 잃다. 잃어버리다. |

我从小就**失去**了亲人。 나는 어려서 가족을 잃었다.

| 1606 | 4 | **失望 shīwàng** | 동 실망하다. |

努力学习别让父母**失望**。
열심히 공부해서 부모를 실망하게 하지 마세요.

| 1607 | 5 | **失业 shīyè** | 동 일을 잃다. |

他又**失业**了。 그는 직업을 또 잃었다.

| 1608 | 4 | **师傅 shīfu** | 명 스승. 사부. 선생님. |

我找个**师傅**教我做馒头。
내게 찐빵 만드는 것을 가르쳐줄 스승을 찾는다.

| 1609 | 5 | **诗 shī** | 명 시. |

李白的**诗**连外国人都知道。 이백의 시는 외국인도 안다.

| 1610 | 5 | **狮子 shīzi** | 명 사자. | **L4** |

一头**狮子**从动物园跑出来了。 사자 한 마리가 동물원에서 뛰어나왔다.

| 1611 | ⑤ | **湿润** shīrùn | 형 촉촉하다. 습윤하다. | L4 |

济州岛的气候很湿润。제주도의 기후는 습윤하다.

| 1612 | ① | **十** shí | 수 10. 열. |

他家有十个房间。그의 집에는 열 개의 방이 있다.

| 1613 | ④ | **十分** shífēn | 부 아주. 매우. |

他现在十分高兴。그는 지금 아주 즐겁다.

| 1614 | ⑤ | **石头** shítou | 명 돌. |

石头从山上滚了下来。돌 한 개가 산 위에서 굴러 내려왔다.

| 1615 | ⑤ | **时差** shíchā | 명 시차. | L6 |

韩国和中国有一个小时的时差。
한국과 중국은 한 시간의 시차가 있다.

| 1616 | ⑤ | **时代** shídài | 명 시대. 시기. |

现在是一个很开放的时代。지금은 개방적인 시대이다.

| 1617 | ① | **时候** shíhou | 명 때. 시각. |

什么时候回来啊? 언제 돌아옵니까?

| 1618 | ② | **时间** shíjiān | 명 시간. |

快走，没有时间了。빨리 가자, 시간이 없다.

| 1619 | ⑤ | **时刻** shíkè | 명 시각. 시간. |

这是一个关键时刻。이것은 결정적인 순간이다.

1620 ⑤ **时髦** shímáo   형 최신식이다. 유행이다.

这种衣服很时髦。이 옷은 최신식이다.

1621 ⑤ **时期** shíqī   명 시기.

高中三年级是一个非常重要的时期。
고등학교 3학년은 매우 중요한 시기이다.

1622 ⑤ **时尚** shíshàng   형 유행이다. 명 시대적 유행. 시류.

她穿得很时尚。그녀는 패셔너블하게 옷을 입는다.

1623 ⑤ **实话** shíhuà   명 실화. 솔직한 말.

说实话，我不想去。솔직히 말해서, 나는 가고 싶지 않다.

1624 ④ **实际** shíjì   명 실제.

他说有三个，实际只有两个。
그는 세 개가 있다고 말했지만, 실제로는 두 개만 있다.

1625 ⑤ **实践** shíjiàn   동 실천하다. 실행하다.

实践出真知。실천에서 참된 지식이 나온다.

1626 ⑤ **实习** shíxí   동 실습하다.

我在医院实习了三个月。나는 병원에서 3개월을 실습했다.

1627 ⑤ **实现** shíxiàn   동 실현하다. 달성하다.

为了实现自己的理想，他每天都努力学习。
자신의 이상을 실현하기 위해, 그는 매일 열심히 공부한다.

1628 ⑤ 实验 shíyàn
   몡 실험.
   동 실험하다.

今天下午做实验。 오늘 오후 실험을 한다.
实验一下，酒精能不能点着。
알코올이 점화가 되는지 안 되는지 실험해 보자.

1629 ⑤ 实用 shíyòng
   혱 실용적이다.

这个工具很实用。 이 도구는 실용적이다.

1630 ④ 实在 shízài
   閉 정말. 확실히. 참으로.

他人实在不好。 그는 정말로 별로다.

1631 ⑤ 食物 shíwù
   몡 음식물.

我找一些食物来吃。 나는 음식물을 좀 찾아 먹는다.

1632 ④ 使 shǐ
   동 (~에게) ~시키다. ~하게 하다. **L3**

他说的话，使我很生气。 그가 한 말이 나를 화나게 했다.

1633 ⑤ 使劲儿 shǐjìnr
   동 힘을 쓰다.

使劲儿把车推上去。 힘을 써서 차를 밀어라.

1634 ④ 使用 shǐyòng
   동 사용하다. 쓰다.

机器坏了，不能再使用了。
기계가 고장 나서 다시 사용할 수 없게 되었다.

1635 ⑤ 始终 shǐzhōng
   몡 시종. 처음과 끝.

我始终不知道帮我的那个人的名字。
나는 시종 나를 돕는 그 사람의 이름을 모른다.

| 1636 | ⑤ | **士兵** shìbīng | 몡 병사. 사병. |

外面有一些士兵。밖에 병사들이 좀 있다.

| 1637 | ④ | **世纪** shìjì | 몡 세기. |

时间已经过去了一个世纪。시간은 이미 한 세기가 지났다.

| 1638 | ③ | **世界** shìjiè | 몡 세계. |

全世界都知道他。전 세계가 모두 그를 안다.

| 1639 | ⑤ | **市场** shìchǎng | 몡 시장. **L4** |

妈妈去市场买菜。엄마는 시장에 가서 반찬을 산다.

| 1640 | ⑤ | **似的** shìde | 조 ~와 같다. |

他好像不高兴似的。그는 마치 기쁘지 않은 것 같다.

| 1641 | ② | **事情** shìqing | 몡 일. 사건. |

我还有很多事情要办。나는 처리해야 할 일이 아직도 많다.

| 1642 | ⑤ | **事实** shìshí | 몡 사실. |

事实上，我不认识他。사실상, 나는 그를 모른다.

| 1643 | ⑤ | **事物** shìwù | 몡 사물. |

我总是对新生事物很感兴趣。
나는 항상 새로 생긴 사물에 대해 관심이 많다.

| 1644 | ⑤ | **事先** shìxiān | 몡 사전. 미리. |

这些都是事先安排好的吗？이것들은 모두 사전에 안배된 것입니까？

| 1645 | ③ | 试 shì | 图 시험 삼아 해보다. 시험하다. | L4 |

衣服做好了，你试一下。옷을 다 만들었으니, 네가 입어 봐라.

| 1646 | ⑤ | 试卷 shìjuàn | 圆 시험지. |

你把试卷发给大家吧。시험지를 모두에게 나눠줘라.

| 1647 | ① | 是 shì | 图 ~이다. |

我不是中国人。나는 중국인이 아니다.

| 1648 | ④ | 是否 shìfǒu | 圓 ~인지 아닌지. | L5 |

你是否去过中国？너는 중국에 가본 적 있어 없어?

| 1649 | ④ | 适合 shìhé | 图 적합하다. 부합하다. |

那份工作很适合你。그 일은 네게 적합하다.

| 1650 | ④ | 适应 shìyìng | 图 적응하다. |

我已经适应了这里的生活了。나는 이미 이곳의 생활에 적응했다.

| 1651 | ④ | 收 shōu | 图 받다. 접수하다. |

我没有收到你的邮件。나는 네 우편을 받지 못했다.

| 1652 | ⑤ | 收获 shōuhuò | 圆 성과. 수확. 图 수확하다. 추수하다. |

这次实习的收获很大。이번 실습의 성과는 정말 크다.

| 1653 | ⑤ | 收据 shōujù | 圆 영수증. |

这是买东西的收据。이것은 물건을 산 영수증이다.

1654 ④ 收入 shōurù　　　　　🅜 수입. 소득.

一年的收入不多。한 해의 수입이 적다.

1655 ④ 收拾 shōushi　　　　　🅥 정리하다. 치우다.

你把房间收拾一下。방을 정리하세요.

1656 ② 手表 shǒubiǎo　　　　🅜 손목시계.

这是我的手表。이것은 내 손목시계이다.

1657 ⑤ 手工 shǒugōng　　　　🅜 수공. 손으로 하는 일.

这件工艺品是手工做的。이 공예품은 손으로 만든 것입니다.

1658 ② 手机 shǒujī　　　　　🅜 휴대전화.

我的智能手机丢了。내 스마트폰을 잃어버렸다.

1659 ⑤ 手术 shǒushù　　　　　🅜 수술.
　　　　　　　　　　　　🅥 수술하다.

这次手术很成功。이번 수술은 아주 성공적이다.
妈妈手术后马上出院了。엄마는 수술을 한 후 바로 퇴원했다.

1660 ⑤ 手套 shǒutào　　　　　🅜 장갑.

他手上戴着一双新手套。그는 손에 새 장갑을 꼈다.

1661 ⑤ 手续 shǒuxù　　　　　🅜 수속. 절차.

他们俩结婚手续办完了。그들 둘은 결혼 절차를 다 마쳤다.

1662 ⑤ 手指 shǒuzhǐ　　　　　🅜 손가락.

我的手指不疼了。내 손가락은 이제 아프지 않다.

S 207

1663 ⑤ 首 shǒu   몡 처음. 시작. 머리. 지도자.   Ⓝ

这是**首**次公演。 이것은 첫 번째 공연이다.

1664 ④ 首都 shǒudū   몡 수도.

首尔是韩国的**首都**。 서울은 한국의 수도이다.

1665 ④ 首先 shǒuxiān   튀 가장 먼저.

首先让我向你表示感谢。 먼저 제가 당신께 감사할 수 있게 해주세요.

1666 ⑤ 寿命 shòumìng   몡 수명. 명.

乌龟的**寿命**很长。 거북이의 수명은 길다.

1667 ④ 受不了 shòubuliǎo   견딜 수 없다. 참을 수 없다.

这夏天热得**受不了**了。 이번 여름은 더워서 참을 수 없다.

1668 ④ 受到 shòudào   통 얻다. 받다.

我**受到**了老师的表扬。 나는 선생님의 칭찬을 받았다.

1669 ⑤ 受伤 shòushāng   통 상처를 입다. 부상당하다.

孩子不小心**受伤**了。 아이는 부주의로 다쳤다.

1670 ④ 售货员 shòuhuòyuán   몡 판매원.

那个**售货员**态度不好。 그 판매원은 태도가 별로다.

1671 ③ 瘦 shòu   혱 마르다. 여위다.

她希望自己很**瘦**。 그녀는 자신이 마르기를 바란다.

1672	①	书 shū	명 책.

他买了几本书。 그는 책 몇 권을 샀다.

1673	⑤	书架 shūjià	명 책꽂이.

你把书放到书架上。 책을 책꽂이에 놓아두어라.

1674	③	叔叔 shūshu	명 숙부. 작은아버지. 삼촌.

我去叔叔家过春节了。 나는 삼촌 집에 가서 춘절을 지냈다.

1675	⑤	梳子 shūzi	명 빗.

用梳子梳一下头再出去。 빗으로 머리를 빗고, 다시 나가자.

1676	③	舒服 shūfu	형 편안하다.

这个沙发坐上去很舒服。 이 소파는 앉아보니 아주 편안하다.

1677	⑤	舒适 shūshì	형 쾌적하다.

首尔的生活很舒适。 서울의 생활은 정말 쾌적하다.

1678	④	输 shū	동 지다.

他们输了，我们赢了。 그들은 지고, 우리는 이겼다.

1679	⑤	输入 shūrù	동 입력하다.

请输入您的密码。 당신의 비밀번호를 입력하세요.

1680	⑤	蔬菜 shūcài	명 채소.

你要多吃蔬菜吧。 당신은 채소를 많이 드세요.

S

1681	5	**熟练** shúliàn	형 능숙하다.

他的技术很**熟练**。그의 기술이 아주 능숙하다.

1682	4	**熟悉** shúxī	형 잘 알다. 익숙하다.

我对他不太**熟悉**。나는 그에 대해 잘 모른다.

1683	5	**属于** shǔyú	동 ~에 속하다. ~의 소유이다.

他不**属于**我们队。그는 우리 팀에 속하지 않는다.

1684	5	**鼠标** shǔbiāo	명 마우스.

要换一个**鼠标**。마우스를 교체해야 겠다.

1685	5	**数** shǔ	동 세다. 헤아리다.	**L6**

我**数**到一百就睡着了。나는 100까지 세고 잠들었다.

1686	3	**树** shù	명 나무. 수목.

今天去种**树**了。오늘 나무를 심으러 갔다.

1687	5	**数据** shùjù	명 데이터.

这些**数据**很重要。이 데이터들은 중요하다.

1688	4	**数量** shùliàng	명 수량. 양.

数量不多，省着点儿用。수량이 적으니, 좀 아껴서 쓰자.

1689	5	**数码** shùmǎ	명 디지털.

我买了一台**数码**相机。나는 디지털카메라 한 대를 샀다.

| 1690 | ③ | **数学** shùxué | 몡 수학. |

我**数学**不太好。 나는 수학을 잘 못한다.

| 1691 | ④ | **数字** shùzì | 몡 숫자. |

年龄只是**数字**。 나이는 숫자에 불과하다.

| 1692 | ③ | **刷牙** shuāyá | 동 이를 닦다. |

一天**刷牙**三次。 하루에 세 번 이를 닦는다.

| 1693 | ⑤ | **摔倒** shuāidǎo | 동 넘어지다. 쓰러지다. | **C** |

孩子不小心**摔倒**了。 아이가 부주의로 넘어졌다.

| 1694 | ⑤ | **甩** shuǎi | 동 뿌리치다. 휘두르다. 흔들다. |

他**甩**了一下手，就走了。 그는 손을 뿌리치더니, 바로 갔다.

| 1695 | ④ | **帅** shuài | 형 잘생기다. 멋지다. |

她男朋友长得很**帅**。 그녀의 남자친구는 잘생겼다.

| 1696 | ③ | **双** shuāng | 양 짝. 켤레. 쌍. |

他连一**双**袜子都不会洗。 그는 양말 한 켤레도 빨지 못한다.

| 1697 | ⑤ | **双方** shuāngfāng | 몡 쌍방. 양쪽. |

双方都觉得不好意思。 쌍방이 모두 미안해한다.

| 1698 | ① | **水** shuǐ | 몡 물. |

注意多喝**水**。 물을 많이 마시도록 신경 쓰세요.

1699 **1** 水果 shuǐguǒ 명 과일. 과실.

一天吃了一筐**水果**。 하루에 과일 한 바구니를 먹었다.

1700 **3** 水平 shuǐpíng 명 수준. 수평.

他的汉语**水平**很高。 그의 중국어 실력은 높다.

1701 **5** 税 shuì 명 세금. 세.

他不想交**税**。 그는 세금을 내고 싶어하지 않는다.

1702 **1** 睡觉 shuìjiào 동 자다.

太困了，我先**睡觉**了。 너무 피곤해서, 나는 먼저 잤다.

1703 **4** 顺便 shùnbiàn 부 ～하는 김에.

我去图书馆学习，**顺便**借了几本书。
나는 도서관에 가서 공부하는 김에 책 몇 권을 빌렸다.

1704 **4** 顺利 shùnlì 형 순조롭다.

一切都很**顺利**。 모든 것이 순조롭다.

1705 **4** 顺序 shùnxù 명 순서. 차례.

按照一定的**顺序**处理事情。 일정한 순서에 따라 일을 처리한다.

1706 **1** 说 shuō 동 말하다. 이야기하다. 설명하다. **N**

他**说**他不想去了。 그는 가고 싶지 않다고 말했다.

1707 **5** 说不定 shuōbudìng 부 아마. 짐작건대. 대개.

说不定明天会下雨。 아마 내일 비가 내릴 것이다.

| 1708 | 5 | 说服 shuōfú | 통 설득하다. |

我没有办法说服他。 나는 그를 설득할 방법이 없다.

| 1709 | 2 | 说话 shuōhuà | 통 말하다. | **L1** |

两个人一直在说话。 두 사람은 계속 말을 하고 있다.

| 1710 | 4 | 说明 shuōmíng | 명 설명. 해설. 통 설명하다. 해설하다. |

你认真阅读使用说明吧。 사용설명을 자세히 읽어봐라.

| 1711 | 4 | 硕士 shuòshì | 명 석사. |

他正在写硕士论文。 그는 석사 논문을 쓰고 있다.

| 1712 | 3 | 司机 sījī | 명 기사. 운전사. |

爸爸是地铁司机。 아버지는 지하철 기관사이다.

| 1713 | 5 | 丝绸 sīchóu | 명 비단. |

这件衣服是丝绸做的。 이 옷은 비단으로 만든 것이다.

| 1714 | 5 | 丝毫 sīháo | 부 조금도. 추호도. |

他丝毫不知道那件事儿。 그는 그 일을 조금도 모른다.

| 1715 | 5 | 私人 sīrén | 형 개인의. 사적인. |

我要请一位私人教练。 나는 개인 코치 한 분을 초빙하려고 한다.

| 1716 | 5 | 思考 sīkǎo | 통 사고하다. |

让我认真思考一下，再告诉你。
내가 진지하게 생각한 후에, 네게 다시 알려줄게.

S

| 1717 | **⑤** | **思想** sīxiǎng | 똉 생각. 사상. 의식. |

老太太的**思想**很开放。
나이 드신 아주머니의 생각이 아주 개방적이시다.

| 1718 | **⑤** | **撕** sī | 똉 (손으로) 찢다. |

他把合同**撕**了。그는 계약서를 찢었다.

| 1719 | **④** | **死** sǐ | 똉 죽다. |

鱼缸里的鱼**死**了。어항 속의 물고기가 죽었다.

| 1720 | **①** | **四** sì | 㑔 4. 넷. |

他有**四**个儿子。그는 아들이 넷 있다.

| 1721 | **⑤** | **似乎** sìhū | 뷈 마치 ~인 것 같다. |

他们**似乎**不认识。그들은 마치 모르는 것 같다.

| 1722 | **②** | **送** sòng | 똉 데려다 주다. 배웅하다. 전송하다. |
| | | | 똉 주다. 보내다. |

我**送**病人去医院了。나는 환자를 병원으로 데려다 주었다.
我**送**他一件生日礼物了。나는 그에게 생일선물 하나를 보냈다.

| 1723 | **⑤** | **搜索** sōusuǒ | 똉 수색하다. 검색하다. **L6** |

有不明白的，就去网上**搜索**一下。
이해되지 않는 것이 있으면, 인터넷에서 검색해.

| 1724 | **④** | **速度** sùdù | 똉 속도. |

刚学会开车，要注意**速度**。방금 운전을 배웠으니, 속도에 주의하세요.

1725 ⑤ 宿舍 sùshè　　　　　図 기숙사.

他住学生宿舍。 그는 학생 기숙사에 산다.

1726 ④ 塑料袋 sùliàodài　　図 비닐 봉투.

请把垃圾装在塑料袋里。 쓰레기를 비닐 봉투에 담으세요.

1727 ④ 酸 suān　　　　　형 시다.

这种啤酒喝起来有点儿酸。 이런 종류의 맥주는 마시면 좀 시다.

1728 ② 虽然…但是…　　　접 비록 ~하지만 ~하다.　C
suīrán … dànshì …

虽然没有见过他，但是听说过他的名字。
비록 그를 본 적은 없지만, 그의 이름을 들어본 적은 있다.

1729 ④ 随便 suíbiàn　　　　부 함부로. 마음대로. 좋을 대로.

小孩子，别随便说话。 꼬마야, 함부로 말하면 안 돼.

1730 ⑤ 随身 suíshēn　　　　동 몸에 지니다.　L6

重要东西要随身携带xiédài。 중요한 물건은 몸에 지니고 다니세요.

1731 ⑤ 随时 suíshí　　　　부 언제나. 수시로.

随时欢迎你来家里做客。
언제든지 당신이 우리 집에 놀러 오는 것을 환영합니다.

1732 ⑤ 随手 suíshǒu　　　　부 ~하는 김에. 겸해서.　L6

离开时请随手关灯。 나가는 김에 불 좀 꺼주세요.

1733 ④ 随着 suízhe　　　　동 ~에 따르다.

他随着父母去乡下了。 그는 부모를 따라서 고향으로 내려갔다.

1734	**1**	**岁** suì	명 살. 세.

孩子已经六**岁**了。아이는 이미 여섯 살이다.

1735	**5**	**碎** suì	동 부서지다. 깨지다. 부수다.

杯子被打**碎**了。컵이 깨졌다.

1736	**4**	**孙子** sūnzi	명 손자.

老人有四个**孙子**。노인은 네 명의 손자가 있다.

1737	**5**	**损失** sǔnshī	동 소모하다. 소비하다. 잃어버리다.
			명 손실. 손해.

这次事故他**损失**了很多钱。이번 사고로 그는 많은 돈을 잃어버렸다.
精细地准备，减少**损失**。치밀하게 준비해서 손실을 줄이세요.

1738	**5**	**缩短** suōduǎn	동 단축하다. 줄이다.

抽烟会**缩短**寿命。흡연은 수명을 단축할 수 있다.

1739	**5**	**所** suǒ	양 채. 동. (학교나 병원 등 건물을 세는 데 쓰임)

儿子上的是一**所**贵族学校。아들이 다니는 곳은 귀족학교이다.

1740	**4**	**所有** suǒyǒu	형 모든. 전부의.

这是他的**所有**财产。이것은 그의 전 재산이다.

1741	**5**	**锁** suǒ	명 자물쇠.
			동 잠그다.

我刚换了一把**锁**。나는 방금 자물쇠 한 개를 바꿨다.
别忘**锁**门。문 잠그는 것을 잊지 마라.

| 1742 | **1** | 他 tā | 때 그. 그 사람. |

他是大学生。그는 대학생이다.

| 1743 | **2** | 它 tā | 때 그. 저. |

它不喜欢吃竹子。그것은 대나무 먹는 것을 좋아하지 않는다.

| 1744 | **1** | 她 tā | 때 그녀. 그 여자. |

她是我女朋友。그녀는 내 여자친구이다.

| 1745 | **4** | 台 tái | 양 대. (기계나 차량 등을 세는 데 쓰임) |

桌子上有一台数码相机。탁자에 디지털카메라 한 대가 있다.

| 1746 | **5** | 台阶 táijiē | 명 층계. 계단. |

你走台阶吧，别坐电梯。계단으로 올라가고, 엘리베이터를 타지 마라.

| 1747 | **4** | 抬 tái | 통 들어 올리다. |

把床抬上去! 침대를 들어 올리세요!

| 1748 | **1** | 太 tài | 부 대단히. 매우. |

天气太热了。날씨가 너무 덥다.

| 1749 | **5** | 太极拳 tàijíquán | 명 태극권. |

我想学太极拳。나는 태극권을 배우고 싶다.

| 1750 | **5** | 太太 tàitai | 명 처. 아내. |

这是我太太。이 사람은 제 아내입니다.

| 1751 | ③ | 太阳 tàiyáng | 명 태양. 해. |

太阳和月亮对地球人来说很重要。
태양과 달은 지구인에게 매우 중요하다.

| 1752 | ④ | 态度 tàidu | 명 태도. |

他的态度很不好。 그의 태도가 아주 좋지 못하다.

| 1753 | ④ | 谈 tán | 동 말하다. |

你去找他谈谈。 그를 찾아가 이야기를 해봐라.

| 1754 | ⑤ | 谈判 tánpàn | 동 회담하다. 담판하다. |

双方仍旧在谈判。 쌍방은 여전히 회담 중이다.

| 1755 | ④ | 弹钢琴 tán gāngqín | 피아노를 치다. |

她很喜欢弹钢琴。 그녀는 피아노 치는 것을 매우 좋아한다.

| 1756 | ⑤ | 坦率 tǎnshuài | 형 솔직하다. 담백하다. |

他为人很坦率。 그는 사람이 솔직하다.

| 1757 | ④ | 汤 tāng | 명 국. 탕. |

你喝一点汤吧。 탕을 좀 드세요.

| 1758 | ④ | 糖 táng | 명 사탕. 설탕. | **L3** |

小孩儿都喜欢吃糖。 아이는 모두 사탕을 좋아한다.

| 1759 | ④ | 躺 tǎng | 동 눕다. 드러눕다. |

太累了，躺一会儿。 너무 피곤하니, 잠시 눕자.

| 1760 | 5 | 烫 tàng | 형 (몹시) 뜨겁다. |

水太烫了。물이 너무 뜨겁다.

| 1761 | 4 | 趟 tàng | 양 차례. 번. |

我去了一趟超市。나는 슈퍼마켓에 한번 갔다 왔다.

| 1762 | 5 | 逃 táo | 동 도망치다. 달아나다. |

兔子逃走了。토끼가 달아났다.

| 1763 | 5 | 逃避 táobì | 동 도피하다. |

困难是不能逃避的。어려움은 피할 수 없다.

| 1764 | 5 | 桃 táo | 명 복숭아. |

我爱吃桃。나는 복숭아를 좋아한다.

| 1765 | 5 | 淘气 táoqì | 형 장난이 심하다. | L6 |

小孩子都很淘气。아이들은 모두 장난이 심하다.

| 1766 | 5 | 讨价还价 tǎojià huánjià | 성 값을 흥정하다. | L6 |

这里不可以讨价还价。이곳에서는 값을 흥정할 수 없다.

| 1767 | 4 | 讨论 tǎolùn | 동 토론하다. |

和他讨论一下再决定。그와 좀 토론하고 다시 결정하겠다.

| 1768 | 4 | 讨厌 tǎoyàn | 동 싫어하다. 미워하다. |

他的行动让人讨厌。그의 행동은 사람들의 미움을 산다.

| 1769 | 5 | **套** tào | 〔양〕세트. |

我给他一**套**杯子做礼物吧。나는 그에게 컵 한 세트를 선물로 줬다.

| 1770 | 3 | **特别** tèbié | 〔부〕특히. 매우. |

我**特别**喜欢吃鱼。나는 생선을 특히 좋아한다.

| 1771 | 4 | **特点** tèdiǎn | 〔명〕특징. 특성. 특색. |

川菜的**特点**是辣的。쓰촨요리의 특징은 매운 맛이다.

| 1772 | 5 | **特色** tèsè | 〔명〕특색. 특징.
〔형〕독특한. 특별한. | **L6** |

这里的饮食很有**特色**。이곳의 음식은 매우 특색있다.

这几道菜是日本的**特色**菜。
이 몇 가지 요리는 일본의 독특한 요리이다.

| 1773 | 5 | **特殊** tèshū | 〔형〕특수하다. |

两个人的关系很**特殊**。두 사람의 관계는 특수하다.

| 1774 | 5 | **特征** tèzhēng | 〔명〕특징. |

能详细说一下孩子的**特征**吗?
아이의 특징을 자세히 설명할 수 있습니까?

| 1775 | 3 | **疼** téng | 〔형〕아프다. |

我现在头很**疼**。나는 지금 머리가 너무 아프다.

| 1776 | 5 | **疼爱** téng'ài | 〔동〕매우 귀여워하다. |

他最**疼爱**小儿子。그는 막내아들을 가장 예뻐한다.

| 1777 | ② | 踢足球 tī zúqiú | 축구를 하다. |

爸爸和儿子一起踢足球。아빠와 아들은 같이 축구를 한다.

| 1778 | ④ | 提 tí | 图 끌어올리다. | **L5** |

请提一下裤子。바지를 끌어올리세요.

| 1779 | ⑤ | 提倡 tíchàng | 图 제창하다. |

她经常提倡节约。그녀는 늘 절약을 제창한다.

| 1780 | ⑤ | 提纲 tígāng | 图 요점. 요강. |

论文只写了一个提纲。논문에 겨우 요점만 썼다.

| 1781 | ③ | 提高 tígāo | 图 제고하다. 향상하게 하다. |

最重要的是提高工作效率。
가장 중요한 것은 작업 효율을 높이는 것이다.

| 1782 | ④ | 提供 tígōng | 图 제공하다. 공급하다. |

我们为穷人提供帮助。우리는 가난한 사람을 위해 도움을 제공한다.

| 1783 | ④ | 提前 tíqián | 图 (예정된 시간을) 앞당기다. |

今天我想提前下班。오늘 나는 시간을 앞당겨 퇴근하고 싶다.

| 1784 | ⑤ | 提问 tíwèn | 图 질문하다. |

请回答我的提问。내 질문에 대답하세요.

| 1785 | ④ | 提醒 tíxǐng | 图 일깨우다. 깨우치다. |

明天提醒我去接孩子。내일 제가 아이를 마중 가도록 알려주세요.

1786 **2** **题** tí   명 문제.

这次考试一共是100道题。이번 시험은 모두 합쳐서 100문제이다.

1787 **5** **题目** tímù   명 제목.

论文的题目是什么? 논문의 제목이 무엇이니?

1788 **5** **体会** tǐhuì   명 (체험에서 얻은) 느낌. 경험. 동 체득하다.

谈谈你的这次实习的体会。
네가 이번 실습에서 느낀 것을 이야기해 봐.

1789 **5** **体贴** tǐtiē   동 자상하게 돌보다.

她对丈夫很体贴。그녀는 남편을 잘 보살핀다.

1790 **5** **体现** tǐxiàn   동 구현하다. 체현하다.

这件事体现了他对你的关心。
이 일은 그가 너에게 관심있다는 것을 보여주었다.

1791 **5** **体验** tǐyàn   명 체험.
                                  동 체험하다.

对我来说是一次新的体验。내 입장에서는 한 차례의 새로운 체험이다.
我们去体验一下乡下的生活。우리 시골 생활을 한번 체험하러 가자.

1792 **3** **体育** tǐyù   명 스포츠. 체육.

我很喜欢体育。나는 스포츠를 아주 좋아한다.

1793 **5** **天空** tiānkōng   명 하늘.

首尔的天空很蓝。서울 하늘이 푸르다.

1794 **1** 天气 tiānqì   몡 날씨. 일기.

最近天气不太好。최근 날씨가 별로다.

1795 **5** 天真 tiānzhēn   혱 천진하다.

孩子们都很天真。아이들은 모두 천진하다.

1796 **3** 甜 tián   혱 달다. 달콤하다.

那块儿蛋糕很甜。저 케이크는 정말 달다.

1797 **4** 填空 tiánkòng   됭 빈칸에 써넣다.

听录音然后填空。녹음을 듣고 빈칸에 써넣으세요.

1798 **3** 条 tiáo   양 가늘고 길거나 폭이 좁고 긴 것을 세는 데 쓰임.

如果买一条牛仔裤，要一千多块。
만약 청바지 한 벌을 사려면, 1,000위안이 넘게 필요하다.

这条路通向村外。이 길은 마을 밖과 통한다.

1799 **4** 条件 tiáojiàn   몡 조건.

他不满意你给出的条件。그는 네가 제시한 조건에 불만이 있다.

1800 **5** 调皮 tiáopí   혱 장난스럽다.

这些孩子太调皮了。이 아이들은 너무 장난스럽다.

1801 **4** 调整 tiáozhěng   됭 조정하다. 조절하다.

因为调整公司结构，很多人失去了工作。
회사 구조조정 때문에, 많은 사람들이 직업을 잃었다.

1802 ⑤ 挑战 tiǎozhàn
명 도전.
동 도전하다.

我做好准备迎接新的**挑战**。 나는 새로운 도전을 맞이할 준비를 했다.
我们还没有足够的实力**挑战**他们。
우리는 아직 그들에게 도전할 충분한 실력이 없다.

1803 ② 跳舞 tiàowǔ
동 춤을 추다.

我不会**跳舞**。 나는 춤을 못 춘다.

1804 ① 听 tīng
동 듣다.

请再**听**一遍。 다시 한 번 들어보세요.

1805 ④ 停 tíng
동 멈추다. 중지하다.
ⓒ

汽车**停**在路边了。 자동차가 길가에 멈췄다.

1806 ④ 挺 tǐng
부 상당히. 대단히.

这里的生活**挺**舒适的。 이곳의 생활은 아주 쾌적하다.

1807 ⑤ 通常 tōngcháng
명 보통. 통상.

他**通常**六点就起床了。 그는 보통 여섯 시면 일어난다.

1808 ④ 通过 tōngguò
동 통과하다. 건너가다.

我**通过**了汉语四级考试。 나는 중국어 4급 시험을 통과했다.

1809 ④ 通知 tōngzhī
명 통지.

门口贴着停电**通知**。 입구에 정전통지서가 붙어있다.

1810 ④ 同情 tóngqíng
동 동정하다.

我很**同情**他的遭遇。나는 그의 처지를 동정한다.

| 1811 | 4 | **同时** tóngshí | 몡 동시. 같은 시간. | L5 |

两件事故**同时**发生了。두 가지 일이 동시에 발생했다.

| 1812 | 3 | **同事** tóngshì | 몡 동료. |

我们是**同事**。우리는 동료이다.

| 1813 | 1 | **同学** tóngxué | 몡 동창. 학우. 학교 친구. |

大家欢迎新**同学**。모두 새로운 친구를 환영한다.

| 1814 | 3 | **同意** tóngyì | 동 동의하다. |

我不**同意**你的意见。나는 네 의견에 반대한다.

| 1815 | 5 | **统一** tǒngyī | 동 통일하다. |

人们渴望早点**统一**。사람들은 일찍 통일되기를 갈망한다.

| 1816 | 5 | **痛苦** tòngkǔ | 몡 고통. 아픔.
혱 고통스럽다. |

内心的**痛苦**没有人能知道。내재한 고통을 알 수 있는 사람은 없다.
分手让他很**痛苦**。헤어짐이 그를 아주 괴롭게 했다.

| 1817 | 5 | **痛快** tòngkuài | 혱 기분 좋다. 통쾌하다. 즐겁다. |

洗了个澡，**真痛快**。목욕을 하니 정말 기분 좋다.

| 1818 | 5 | **偷** tōu | 동 훔치다. | C |

他**偷**了我的手机。그는 나의 휴대전화를 훔쳤다.

| 1819 | ③ | 头发 tóufa | 명 머리카락. 머리털. |

头发太长了。 머리카락이 너무 길다.

| 1820 | ⑤ | 投入 tóurù | 동 투자하다. 투입하다. | **N** |

公司投入了很多资金。 회사는 많은 자금을 투자했다.

| 1821 | ⑤ | 投资 tóuzī | 동 투자하다. |

这家工厂是韩国老板投资的。 이 공장은 한국 사장이 투자한 것이다.

| 1822 | ⑤ | 透明 tòumíng | 형 투명하다. |

玻璃是透明的。 유리는 투명하다.

| 1823 | ⑤ | 突出 tūchū | 형 뛰어나다. 두드러지다. |

他为祖国做出了突出贡献。 그는 조국을 위해 뛰어난 공헌을 했다.

| 1824 | ③ | 突然 tūrán | 부 갑자기. 문득. |

一只兔子突然跳了出来。 토끼 한 마리가 갑자기 뛰쳐나왔다.

| 1825 | ③ | 图书馆 túshūguǎn | 명 도서관. |

我去图书馆学习。 나는 공부하러 도서관에 간다.

| 1826 | ⑤ | 土地 tǔdì | 명 토지. 땅. |

土地属于国家所有。 토지는 국가 소유에 속한다.

| 1827 | ⑤ | 土豆 tǔdòu | 명 감자. |

土豆长得很好。 감자가 잘 자랐다.

1828 ⑤ **吐** tù 　　　　　　　　圄 토하다.

他吐了一地。 그는 온 바닥에 토했다.

1829 ⑤ **兔子** tùzi 　　　　　　　圐 토끼.

小时候养了很多兔子。 어렸을 때 많은 토끼를 길렀다.

1830 ⑤ **团** tuán 　　　　　　　　圀 뭉치. 덩어리. (덩어리로 된 것을 세는 데 쓰임)

一团绳子让她做成了工艺品。
한 뭉치의 끈으로 그녀에게 공예품을 완성하라고 했다.

1831 ④ **推** tuī 　　　　　　　　圄 밀다.

他不知道被谁推了一下。 그는 누가 그를 밀었는지 모른다.

1832 ④ **推迟** tuīchí 　　　　　　圄 뒤로 미루다. 늦추다.

会议推迟了。 회의가 뒤로 미뤄졌다.

1833 ⑤ **推辞** tuīcí 　　　　　　　圄 거절하다. 사양하다.

别推辞了，你就接受吧。 거절하지 말고 받으세요.

1834 ⑤ **推广** tuīguǎng 　　　　　圄 널리 보급하다. 일반화하다.

政府要推广新科技。 정부는 새로운 과학기술을 널리 보급하고자 한다.

1835 ⑤ **推荐** tuījiàn 　　　　　　圄 추천하다.

我推荐他去你们公司。 나는 그가 너희 회사에 가는 것을 추천한다.

1836 ③ **腿** tuǐ 　　　　　　　　圀 다리.

小狗的一条腿受伤了。 강아지가 한쪽 다리에 상처를 입었다.

| 1837 | 5 | 退 tuì | 图 물러나다. 물러서다. |

他不自觉地退了下来。 그는 은연중에 물러났다.

| 1838 | 5 | 退步 tuìbù | 图 퇴보하다. |

好久不学习，汉语退步了很多。
오랫동안 공부를 하지 않아서, 중국어가 많이 퇴보했다.

| 1839 | 5 | 退休 tuìxiū | 图 퇴직하다. |

爸爸妈妈都退休在家。 아빠 엄마는 모두 퇴직하고 집에 계신다.

| 1840 | 4 | 脱 tuō | 图 (몸에서) 벗다. |

你把衣服脱了，去洗澡吧。 옷을 벗고, 가서 목욕해라.

新HSK1~5급

W

| 1841 | 4 | 袜子 wàzi | 图 양말. 스타킹. |

你把袜子脱了，我给洗洗。 양말을 벗어, 내가 세탁해줄게.

| 1842 | 5 | 歪 wāi | 형 비뚤다. |

帽子戴歪了。 모자를 비뚤게 썼다.

| 1843 | 2 | 外 wài | 图 밖. 바깥. |

除我之外还有两个人。 나 이외에 두 명이 더 있다.

| 1844 | 5 | 外公 wàigōng | 图 외할아버지. 외조부. | **N**

外公的身体很好。 외할아버지의 건강은 좋으시다.

1845 ⑤ **外交** wàijiāo   圀 외교.

我国取得了**外交**胜利。 우리나라는 외교적 승리를 거두었다.

1846 ② **完** wán   동 마치다. 끝나다.

工作还没有做**完**。 작업이 아직 다 끝나지 않았다.

1847 ③ **完成** wánchéng   동 완성하다.

他**完成**了一次重要任务。 그는 중요한 임무를 완성했다.

1848 ⑤ **完美** wánměi   혱 완벽하다. 완전무결하다.

这件事做得很**完美**。 이 일은 완벽하게 되었다.

1849 ④ **完全** wánquán   閅 전혀. 완전히.
                                 혱 완전하다.

我**完全**不知道他已经来了。 나는 그가 이미 왔을 줄은 전혀 몰랐다.
胎儿的四肢已经发育**完全**了。
태아의 팔다리는 이미 발육이 완전하다.

1850 ⑤ **完善** wánshàn   혱 완벽하다. 완전하다.
                                   동 완벽하게 하다.

论文还不太**完善**。 논문은 아직 완벽하지 않다.
这个建筑的设施**完善**。 이 건축물의 설비는 완벽하다.

1851 ⑤ **完整** wánzhěng   혱 온전하다. 완벽하다.

这个故事不**完整**。 이 이야기는 미완성이다.

1852 ② 玩 wán   동 놀다. 놀이하다.

玩儿了一天了，累了。 온종일 놀았더니, 피곤해졌다.

1853 ⑤ 玩具 wánjù   명 장난감. 완구.

我给孩子买了一件玩具。 나는 아이에게 장난감을 사주었다.

1854 ② 晚上 wǎnshang   명 저녁.

晚上不睡觉，白天很困。 저녁에 잠을 안 자니, 낮에 피곤하다.

1855 ③ 碗 wǎn   명 그릇. 공기. 사발.
                                양 그릇, 공기, 사발을 세는 단위.

你给我拿一个碗。 제게 그릇을 하나 주세요.
刚才让他吃了一碗面。 방금 그에게 국수 한 그릇을 먹으라고 했다.

1856 ③ 万 wàn   수 10,000. 만.

他一个月工资三万块钱。 그의 한달 월급은 3만 위안이다.

1857 ⑤ 万一 wànyī   접 만일. 만약.

万一有事儿，就给我打电话。 만일 일이 생기면, 내게 전화해라.

1858 ⑤ 王子 wángzǐ   명 왕자.

王子爱上了穷人家的女儿。 왕자는 가난한 집 딸을 사랑하게 되었다.

1859 ⑤ 网络 wǎngluò   명 네트워크. 사이버. **L6**

韩国的网络很发达。 한국의 네트워크는 매우 발달하였다.

1860 ④ 网球 wǎngqiú   명 테니스.

他每天学习打网球。그는 매일 테니스 치는 것을 배운다.

网站 wǎngzhàn 　　 명 웹 사이트.

每天有很多人访问我们的网站。
매일 많은 사람이 우리 웹 사이트에 방문한다.

往 wǎng 　　 동 ～로 향하다. 　 **L4**

往右拐就是一家银行。오른쪽으로 돌면 바로 은행이다.

往返 wǎngfǎn 　　 동 왕복하다.

他已经买了往返机票。그는 이미 왕복 항공권을 샀다.

往往 wǎngwǎng 　　 부 왕왕. 자주.

这里往往有三四个人等车。
이곳에는 자주 서너 명의 사람이 차를 기다린다.

忘记 wàngjì 　　 동 잊다.

别忘记给妈妈打电话。엄마에게 전화하는 것을 잊지 마라.

危害 wēihài 　　 동 해를 끼치다.
　　　　　　　　　　　　　　 명 훼손. 손상. 해.

吸烟危害生命。흡연은 생명에 해를 끼친다.
这次地震造成了很大危害。이번 지진은 많은 훼손을 가져왔다.

危险 wēixiǎn 　　 형 위험하다.
　　　　　　　　　　　　　　 명 위험.

别过去，那里很危险。가지 마라, 그곳은 위험하다.
他不怕危险，救出了孩子。그는 위험을 무릅쓰고 아이를 구출했다.

1868 ⑤ 威胁 wēixié   동 위협하다.

你这是在威胁我吗? 너 지금 나를 위협하는 거니?

1869 ⑤ 微笑 wēixiào   동 미소를 짓다.
                               명 미소.

他微笑着走过来。 그는 미소 지으며 걸어왔다.
他的微笑很迷人。 그의 미소는 사람을 매혹한다.

1870 ⑤ 违反 wéifǎn   동 위반하다. 위배하다.

他违反了交通规则。 그는 교통 규칙을 위반했다.

1871 ⑤ 围巾 wéijīn   명 목도리. 스카프.

天气很冷，围上围巾吧。 날씨가 추우니 목도리를 둘러라.

1872 ⑤ 围绕 wéirào   동 주위를 돌다.

大家围绕这个话题讨论了很久。
모두 이 화제를 둘러싸고 오랫동안 토론했다.

1873 ⑤ 唯一 wéiyī   형 유일한.

这是我唯一的一件大衣。 이것은 나의 유일한 외투이다.

1874 ⑤ 维修 wéixiū   동 간수 수리하다. 보수하다.   **L6**

手机送去维修了。 휴대전화를 수리하러 보냈다.

1875 ⑤ 伟大 wěidà   형 위대하다.

他是一位伟大的哲学家。 그는 위대한 철학자이다.

1876 ⑤ 尾巴 wěiba   명 꼬리.

兔子的**尾巴**很短。토끼의 꼬리는 짧다.

1877 ⑤ **委屈** wěiqū　　　　　⑱ 억울하다.

他觉得很**委屈**。그는 아주 억울하다고 생각한다.

1878 ④ **卫生间** wèishēngjiān　　⑲ 화장실.　　　　**L5**

我去一下**卫生间**。화장실 좀 갔다 올게.

1879 ③ **为** wèi　　　　　　⑳ ～을(를) 위하여.

为美好的前途，努力学习。아름다운 미래를 위해, 열심히 공부한다.

1880 ③ **为了** wèile　　　　　㉑ ～을(를) 하기 위하여.

为了健康，注意锻炼身体。건강을 위해 신체 단련에 신경을 쓴다.

1881 ② **为什么** wèishénme　　㉒ 왜. 어째서.

你**为什么**哭？너는 왜 우니?

1882 ⑤ **未必** wèibì　　　　　㉓ 반드시 ～한 것은 아니다.

他**未必**喜欢你送的礼物。
그가 네가 준 선물을 반드시 좋아하는 것은 아니다.

1883 ⑤ **未来** wèilái　　　　　⑱ 머지않은. 조만간. ⑲ 미래.

未来两天，天气会很好。다가올 이틀은, 날씨가 좋을 것입니다.

1884 ③ **位** wèi　　　　　　㉔ 자리. 곳. 위치.
　　　　　　　　　　　　㉕ 분. 명.

这个城市从第十一**位**升到第七**位**。
이 도시는 11위에서 7위로 뛰어올랐다.
整个饭馆才三**位**客人。식당 전체에는 겨우 세 분의 손님만 있다.

1885 ⑤ 位于 wèiyú 　　⑧ ~에 위치하다. **L6**

韩国位于中国的东方。한국은 중국의 동쪽에 위치한다.

1886 ⑤ 位置 wèizhi 　　⑲ 위치.

告诉我你的位置，我现在过去。
내게 너의 위치를 알려줘, 내가 지금 갈게.

1887 ④ 味道 wèidao 　　⑲ 맛.

这家饭馆儿的味道很好。이 식당은 맛이 정말 좋다.

1888 ⑤ 胃 wèi 　　⑲ 위.

我现在胃不舒服。나는 지금 위가 편하지 않다.

1889 ⑤ 胃口 wèikǒu 　　⑲ 식욕. **L6**

他的胃口很大。그의 식욕은 왕성하다.

1890 ① 喂 wèi 　　㉙ 야. 이봐. 여보세요.

喂，你好! 이봐, 안녕!

1891 ④ 温度 wēndù 　　⑲ 온도.

室内温度很高。실내 온도가 높다.

1892 ⑤ 温暖 wēnnuǎn 　　㉠ 따뜻하다. 온난하다.

气候很温暖。기후가 아주 따뜻하다.

1893 ⑤ 温柔 wēnróu 　　㉠ 온유하다.

女朋友的性格很温柔。여자친구의 성격이 온유하다.

1894 ③ **文化** wénhuà   몡 문화.

很多外国人喜欢学习中国文化。
많은 외국인이 중국문화 배우기를 좋아한다.

1895 ⑤ **文件** wénjiàn   몡 공문. 서류.

一份重要文件不见了。중요한 문서 하나가 안 보인다.

1896 ⑤ **文具** wénjù   몡 문구. 문방구.

我去商店买了文具。나는 상점에 가서 문구를 샀다.

1897 ⑤ **文明** wénmíng   몡 문명.
                                   톙 교양있다. 예의 바르다.

他们享有高度的物质文明。그들은 고도의 물질문명을 누린다.

常常看见缺少文明举止的人。
교양있는 행동이 부족한 사람을 자주 본다.

1898 ⑤ **文学** wénxué   몡 문학.

我喜欢中国文学。나는 중국 문학을 좋아한다.

1899 ④ **文章** wénzhāng   몡 글. 문장.

这篇文章写得很好。이 문장은 잘 썼다.

1900 ⑤ **文字** wénzì   몡 문자. 글자.   Ⓝ

我发了一条文字信息。나는 문자메시지를 보냈다.

1901 ⑤ **闻** wén   됭 냄새를 맡다.

狗一直在闻来闻去。 개가 줄곧 이리저리 냄새를 맡고 다닌다.

| 1902 | 5 | 吻 wěn | 동 키스하다. |

爸爸吻了一下孩子就出门了。 아빠는 아이에게 입 맞추고 외출했다.

| 1903 | 5 | 稳定 wěndìng | 형 안정되다. |

他的病情很稳定。 그의 병세가 안정되었다.

| 1904 | 2 | 问 wèn | 동 묻다. 질문하다. |

下课后学生们都来问老师问题。
수업이 끝난 후 학생들이 다 와서 선생님께 질문했다.

| 1905 | 5 | 问候 wènhòu | 동 안부를 묻다. 문안드리다. |

替我问候你父母。 나를 대신해서 네 부모님께 안부 전해줘.

| 1906 | 2 | 问题 wèntí | 명 문제. |

这个问题没有答案。 이 문제는 답안이 없다.

| 1907 | 1 | 我 wǒ | 대 나. 저. |

我今年二十岁了。 나는 올해 스무 살이 되었다.

| 1908 | 1 | 我们 wǒmen | 대 우리. |

我们一起去吃饭。 우리 같이 가서 밥 먹자.

| 1909 | 5 | 卧室 wòshì | 명 침실. |

卧室里没有床。 침실에 침대가 없다.

| 1910 | 5 | 握手 wòshǒu | 동 악수하다. 손을 잡다. | **L4** |

俩人像老朋友一样亲切握手。
두 사람은 마치 오랜 친구처럼 친하게 악수했다.

1911 ④ 污染 wūrǎn　　　　동 오염시키다. 오염되다.

河水被污染了。강물이 오염되었다.

1912 ⑤ 屋子 wūzi　　　　명 방.

屋子里有很多人。방에 사람이 많다.

1913 ④ 无 wú　　　　동 없다.

我现在很担心孩子，无心听音乐。
나는 지금 아이가 걱정돼서, 음악 들을 마음이 없다.

1914 ④ 无聊 wúliáo　　　　형 심심하다.

没有工作，每天都很无聊。일이 없으니, 매일 너무 심심하다.

1915 ④ 无论 wúlùn　　　　접 ~에 관계없이.

无论多累，他都会亲自去接孩子。
아무리 피곤해도, 그는 직접 아이를 데리러 갈 것이다.

1916 ⑤ 无奈 wúnài　　　　동 어찌 할 도리가 없다.

那样的结果让他很无奈。저런 결과는 그를 어쩔 수 없게 했다.

1917 ⑤ 无数 wúshù　　　　형 수를 헤아리기 어렵다.

他已经来过无数次了。그는 이미 여러 번 왔었다.

1918 ⑤ 无所谓 wúsuǒwèi　　　　상관없다. 말할 수 없다.　　Ⓒ

你去不去，我都无所谓。네가 가든 안 가든 나는 상관없다.

1919 ① 五 wǔ　　　　수 5. 다섯.

这里离市区五公里。이곳은 시내에서부터 5킬로미터가 된다.

1920 ⑤ **武术** wǔshù   명 무술.

他很喜欢武术。 그는 무술을 매우 좋아한다.

1921 ⑤ **勿** wù   부 ~해서는 안 된다.   **L6**

请勿靠近。 접근해서는 안 됩니다.

1922 ⑤ **物理** wùlǐ   명 물리.

明天有物理课。 내일 물리 수업이 있다.

1923 ⑤ **物质** wùzhì   명 물질.

精神比物质更重要。 정신은 물질보다 더 중요하다.

1924 ④ **误会** wùhuì   동 오해하다.
                                   명 오해.

我不是有意的，你别误会。
나는 일부러 한 것이 아니니 오해하지 마세요.

俩人的误会已经消除了。 두 사람의 오해는 이미 풀렸다.

1925 ⑤ **雾** wù   명 안개.

今天早上的雾很大。 오늘 아침 안개가 심하다.

1926 ③ 西 xī 　　명 서쪽.

你一直向西走。 줄곧 서쪽으로 가세요.

1927 ② 西瓜 xīguā 　　명 수박.

韩国的西瓜很贵。 한국에서 수박은 비싸다.

1928 ④ 西红柿 xīhóngshì 　　명 토마토.

今年西红柿会很贵。 올해 토마토가 많이 비쌀 것 같다.

1929 ⑤ 吸取 xīqǔ 　　동 흡수하다. 빨아들이다. 　L6

你应该吸取别人的经验，完善自己的计划。
너는 다른 사람의 경험을 받아들여서, 자신의 계획을 완벽하게 해야 한다.

1930 ⑤ 吸收 xīshōu 　　동 받아들이다. 흡수하다. 섭취하다.

他吸收了很多西方思想。 그는 많은 서양 사상을 받아들였다.

1931 ④ 吸引 xīyǐn 　　동 매료시키다. 흡인하다. 빨아당기다.

电影是很吸引人。 영화는 사람을 매료시킨다.

1932 ② 希望 xīwàng 　　명 희망.
　　동 희망하다. 바라다.

时刻不要放弃希望。 언제나 희망을 포기하지 마라.
我希望你不要迟到。 나는 네가 지각하지 않기를 바란다.

| 1933 | ③ | 习惯 xíguàn | 명 버릇. 습관. |
| | | | 동 익숙해지다. 습관이 되다. |

孩子要养成早睡早起的好**习惯**。
아이는 일찍 자고 일찍 일어나는 좋은 습관을 길러야 한다.

已经**习惯**了这里的生活。 이미 이곳의 생활에 익숙해졌다.

| 1934 | ② | 洗 xǐ | 동 씻다. 빨다. |

孩子从小就自己**洗**脸。 아이는 어렸을 때부터 스스로 세수를 했다.

| 1935 | ③ | 洗手间 xǐshǒujiān | 명 화장실. |

我去一下**洗手间**。 나 화장실에 좀 갔다 올게.

| 1936 | ③ | 洗澡 xǐzǎo | 동 목욕하다. 몸을 씻다. |

昨晚没有**洗澡**就睡觉了。 어제 저녁 목욕하지 않고 바로 잤다.

| 1937 | ① | 喜欢 xǐhuan | 동 좋아하다. |

我**喜欢**我的学生们。 나는 나의 학생들을 좋아한다.

| 1938 | ⑤ | 戏剧 xìjù | 명 희극. 연극. |

明天去看**戏剧**。 내일 연극 보러 간다.

| 1939 | ⑤ | 系 xì | 명 학과. 계통. |
| | | jì | 동 묶다. 매다. 맺다. 관련되다. |

他是中文**系**xì的学生。 그는 중문과 학생이다.

她帮孩子**系**jì鞋带。 그녀는 아이를 도와 신발 끈을 묶어주었다.

| 1940 | ⑤ | 系统 xìtǒng | 명 계통. 시스템. |

新**系统**还不太稳定。 새로운 시스템이 아직 안정적이지 못하다.

| 1941 | 5 | 细节 xìjié | 명 세부사항. 자세한 사정. |

他很注意细节。 그는 세부사항에 신경 쓴다.

| 1942 | 5 | 瞎 xiā | 통 눈이 멀다. 실명하다.
부 막연히. 제멋대로. 함부로. |

他眼睛瞎了。 그의 눈은 실명했다.

别瞎担心了，他不会有问题的。
막연히 걱정하지 마세요, 그는 문제가 없을 것입니다.

| 1943 | 1 | 下 xià | 명 다음. 밑. 아래.
통 내려가다. |

下个月我去美国。 다음 달에 나는 미국에 간다.
他下楼去吃饭了。 그는 아래층으로 내려가서 식사했다.

| 1944 | 1 | 下午 xiàwǔ | 명 오후. |

一个下午都在下雨。 오후 내내 비가 온다.

| 1945 | 1 | 下雨 xiàyǔ | 통 비가 오다. |

又下雨了。 또 비가 내린다.

| 1946 | 5 | 下载 xiàzài | 통 다운로드하다. |

你在网上下载流行歌曲。 인터넷에서 유행가를 다운로드 받으세요.

| 1947 | 5 | 吓 xià | 통 놀라다. |

我被吓坏了。 나는 깜짝 놀랐다.

| 1948 | 3 | 夏 xià | 명 여름. |

我不喜欢夏天的闷热。 나는 여름의 무더위가 싫다.

1949 **5** 夏令营 xiàlìngyíng   명 하계 캠프.

孩子们都去夏令营了。 아이들은 모두 하계 캠프에 갔다.

1950 **3** 先 xiān   부 먼저.

我先睡了。 나 먼저 잘게.

1951 **1** 先生 xiānsheng   명 성인 남성에 대한 경칭.

前面那位先生是否姓张? 앞에 있는 저 선생님은 장 씨입니까?

1952 **5** 鲜艳 xiānyàn   형 화려하다.

颜色真鲜艳。 색깔이 정말 화려하다.

1953 **4** 咸 xián   형 짜다.

今天的菜太咸了。 오늘 요리는 너무 짜다.

1954 **5** 显得 xiǎnde   동 ~하게 보이다. ~인 것 같다.

你穿这件衣服显得年轻。 너는 이 옷을 입으면 젊어 보인다.

1955 **5** 显然 xiǎnrán   형 분명하다. 뚜렷하다.

他在哭，显然是发生了什么事儿。
그가 지금 울고 있는 것을 보면, 분명히 무슨 일이 생겼을 거야.

1956 **5** 显示 xiǎnshì   동 뚜렷하게 나타내 보이다.

系统显示，邮件没有发出去。
시스템은 우편물이 발송되지 않았음을 보여줬다.

1957 **5** 县 xiàn   명 현. (중국 행정 구획 단위의 하나)

他来自一个贫困县。 그는 빈곤한 현에서 왔다.

| 1958 | 5 | **现代** xiàndài | 몡 현대. | L4 |

现代科技的发展决定一个国家的实力。
현대 과학기술의 발전이 한 국가의 힘을 결정한다.

| 1959 | 4 | **现金** xiànjīn | 몡 현금. | L5 |

我没有现金了。나는 현금이 없다.

| 1960 | 5 | **现实** xiànshí | 몡 현실. |

现实让我们无法接受。우리는 현실을 받아들일 수 없다.

| 1961 | 5 | **现象** xiànxiàng | 몡 현상. |

下雨是一种自然现象。비가 내리는 것은 일종의 자연현상이다.

| 1962 | 1 | **现在** xiànzài | 몡 현재. 이제. |

我现在很忙。나는 지금 바쁘다.

| 1963 | 5 | **限制** xiànzhì | 몡 제한.
동 제약하다. 제한하다. | L4 |

妈妈订了一个限制，小王每天最多花费二十元。
엄마는 왕 군이 매일 아무리 많이 써도 20위안을 넘지 않는 제한을 정했다.

这种教育方式限制了孩子们的智力发展。
이런 교육 방식은 아이들의 지능 발달을 제약한다.

| 1964 | 4 | **羡慕** xiànmù | 동 흠모하다. 부러워하다. |

我很羡慕你的成绩。나는 네 성적이 부럽다.

| 1965 | 5 | **相处** xiāngchǔ | 동 함께 지내다. |

他们一起相处了五年。그들은 5년을 함께 지냈다.

1966	⑤	**相当 xiāngdāng**	團 상당히. 무척.

每天他都**相当**忙。매일 그는 상당히 바쁘다.

1967	⑤	**相对 xiāngduì**	團 상대적으로. 비교적. 團 상대적이다.

这里**相对**安全。이곳은 상대적으로 안전하다.

任何事情都是**相对**的。어떤 일이든 모두 상대적이다.

1968	④	**相反 xiāngfǎn**	園 오히려. 반대로. 團 상반되다.

我不讨厌他，**相反**很喜欢他。
나는 그를 싫어하지 않고, 오히려 그를 아주 좋아한다.

跟他**相反**，我不喜欢吃肉。
그와는 상반되게, 나는 고기를 좋아하지 않는다.

1969	⑤	**相关 xiāngguān**	團 관계가 있다.

他的事情和我不**相关**。그의 일과 나는 관계없다.

1970	⑤	**相似 xiāngsì**	團 비슷하다. 닮다.

俩人长得很**相似**。두 사람은 비슷하게 생겼다.

1971	④	**相同 xiāngtóng**	團 서로 같다. 일치하다. **L3**

他们的分数**相同**。그들의 점수는 같다.

1972	③	**相信 xiāngxìn**	團 믿다. 신임하다.

我不**相信**他说的话。나는 그가 한 말을 믿지 않는다.

1973	④	**香 xiāng**	團 향기롭다. 맛이 좋다.

味道很**香**。맛이 좋다.

1974 **5** **香肠** xiāngcháng　　　명 소시지.　　　　　　　　Ｎ

广式**香肠**很好吃。 광둥식 소시지는 아주 맛있다.

1975 **3** **香蕉** xiāngjiāo　　　명 바나나.

济州岛是韩国主要的**香蕉**生产地。
제주도는 한국의 주요한 바나나 생산지이다.

1976 **4** **详细** xiángxì　　　형 자세하다. 상세하다.

他记录得很**详细**。 그는 매우 자세히 기록한다.

1977 **5** **享受** xiǎngshòu　　　동 즐기다. 향유하다.

我想在周末**享受**家庭生活。 나는 주말에 가정생활을 즐기고 싶다.

1978 **4** **响** xiǎng　　　동 울리다.
　　　　　　　　　　　　형 소리가 크다.

手机**响**了。 휴대전화가 울렸다.

手机声音太**响**了。 휴대전화 소리가 너무 크다.

1979 **1** **想** xiǎng　　　동 ~하고 싶다. 생각하다. 그리워하다.

我**想**回家。 나는 집에 가고 싶다.

1980 **5** **想念** xiǎngniàn　　　동 그리워하다. 생각하다.

我很**想念**那些老同学。 나는 그 옛날 친구들이 아주 그립다.

1981 **5** **想象** xiǎngxiàng　　　동 상상하다.
　　　　　　　　　　　　명 상상.

这里的风景比**想象**地美。 이곳의 풍경은 상상한 것보다 아름답다.

这里的美超乎我的**想象**。 이곳의 아름다움은 나의 상상을 초월한다.

1982 ③ 向 xiàng   전 ~에게. ~을(를) 향하여.   **L2**

一个陌生人向我问路了。낯선 사람이 내게 길을 물어봤다.

1983 ⑤ 项 xiàng   명 항목.

公司上马了一项新项目。회사는 새로운 항목의 공정을 시작했다.

1984 ⑤ 项链 xiàngliàn   명 목걸이.

那条项链很贵。그 목걸이는 매우 비싸다.

1985 ⑤ 项目 xiàngmù   명 항목.

公司的新项目缺少人手。회사의 새로운 항목에는 일손이 부족하다.

1986 ⑤ 象棋 xiàngqí   명 (중국) 장기.

我喜欢下象棋。나는 장기 두는 것을 좋아한다.

1987 ⑤ 象征 xiàngzhēng   동 상징하다. 표시하다.

这是我们爱情的象征。이것은 우리 사랑의 상징이다.

1988 ③ 像 xiàng   동 닮다. 같다. 비슷하다.

儿子长得像爸爸。아들은 아빠를 닮았다.

1989 ④ 橡皮 xiàngpí   명 지우개.   **L5**

一块儿橡皮用了一年。지우개 한 개로 일년을 썼다.

1990 ⑤ 消费 xiāofèi   동 소비하다.

这公司一年消费三亿个。이 회사는 일 년에 3억 개를 소비한다.

1991 ⑤ 消化 xiāohuà   동 소화하다.

今天消化不太好。 오늘은 소화가 잘 안 된다.

1992 ⑤ 消极 xiāojí   형 소극적이다.   **L6**

他的思想很消极。 그의 사상은 소극적이다.

1993 ⑤ 消失 xiāoshī   동 소실되다. 없어지다.

希望慢慢消失了。 희망이 점점 없어졌다.

1994 ④ 消息 xiāoxi   명 소식.

我没有听到他回来的消息。 나는 그가 돌아온다는 소식을 듣지 못했다.

1995 ⑤ 销售 xiāoshòu   동 팔다. 판매하다.

三个小时就销售完了。 3시간만에 다 팔았다.

1996 ① 小 xiǎo   형 작다. 적다.

这个房子太小了。 이 집은 너무 작다.

1997 ④ 小吃 xiǎochī   명 간식. 간단한 음식.   **L5**

韩国有很多小吃。 한국에는 간식거리가 많다.

1998 ④ 小伙子 xiǎohuǒzi   명 젊은 청년. 총각.   **L5**

小伙子很帅。 젊은 청년은 잘생겼다.

1999 ① 小姐 xiǎojiě   명 아가씨.

小姐，给我一杯水。 아가씨 물 한 잔 주세요.

| 2000 | 5 | 小麦 xiǎomài | 명 밀. |

小麦长得不错。 밀이 아주 잘 자란다.

| 2001 | 5 | 小气 xiǎoqì | 형 인색하다. |

这个人很小气。 이 사람은 소심하다.

| 2002 | 2 | 小时 xiǎoshí | 명 시간. |

我的计时工资是一个小时五十块。 내 시급은 한 시간에 50위안이다.

| 2003 | 4 | 小说 xiǎoshuō | 명 소설. |

他写了很多小说。 그는 소설을 많이 썼다.

| 2004 | 3 | 小心 xiǎoxīn | 동 조심하다. |

路上多加小心。 길에서는 더 조심해야 한다.

| 2005 | 5 | 孝顺 xiàoshùn | 동 효도하다. |

他孝顺自己的父母。 그는 자신의 부모님께 효도한다.

| 2006 | 3 | 校长 xiàozhǎng | 명 학교장. |

校长在讲话。 학교장이 말씀 중이시다.

| 2007 | 2 | 笑 xiào | 동 웃다. |

他突然笑了起来。 그가 갑자기 웃기 시작했다.

| 2008 | 4 | 笑话 xiàohua | 명 우스운 이야기. 농담.
동 비웃다. 조소하다. |

他给我们讲了一个笑话。
그는 우리에게 우스운 이야기를 하나 해주었다.

不要笑话穷人。 가난한 사람을 비웃지 마세요.

2009 ④ 效果 xiàoguǒ 　　　　명 효과.

这种药的效果不错。 이 약의 효과는 좋다.

2010 ⑤ 效率 xiàolǜ 　　　　명 효율. 능률.

做事情要讲效率。 일을 할 때는 효율에 신경 써야 한다.

2011 ① 些 xiē 　　　　양 조금. 약간.

我借了他一些钱。 나는 그에게 돈을 약간 빌려주었다.

2012 ⑤ 歇 xiē 　　　　동 휴식하다. 쉬다.

大家歇一下吧。 다들 좀 쉽시다.

2013 ⑤ 斜 xié 　　　　형 기울다.

那条线是斜的。 그 선은 기울었다.

2014 ① 写 xiě 　　　　동 글씨를 쓰다.

我写了很多字。 나는 많은 글자를 썼다.

2015 ⑤ 写作 xiězuò 　　　　동 글을 짓다. 저작하다.　　L6

我很喜欢写作。 나는 글쓰기를 아주 좋아한다.

2016 ⑤ 血 xuè 　　　　명 피. 혈액.　　L4

手出血了。 손에서 피가 났다.

| 2017 | **1** | 谢谢 xièxie | 동 감사하다. 고맙다. |

谢谢您的关心。당신의 관심에 감사드립니다.

| 2018 | **5** | 心理 xīnlǐ | 명 심리. |

这完全是心理作用。이것은 완전히 심리 효과이다.

| 2019 | **4** | 心情 xīnqíng | 명 심정. 기분. |

他今天的心情很好。그는 오늘 기분이 좋다.

| 2020 | **5** | 心脏 xīnzàng | 명 심장. |

心脏出了问题。심장에 문제가 생겼다.

| 2021 | **4** | 辛苦 xīnkǔ | 형 고생스럽다. |

这段时间大家都很辛苦了。이 기간 동안 다들 고생했습니다.

| 2022 | **5** | 欣赏 xīnshǎng | 동 감상하다. 마음에 들다. |

让我欣赏一下你的作品。
제가 당신의 작품을 좀 감상하도록 하게 해주세요.

| 2023 | **2** | 新 xīn | 형 새롭다. |

她买了一件新衣服。그녀는 새 옷을 한 벌 샀다.

| 2024 | **3** | 新闻 xīnwén | 명 뉴스. |

昨天晚上没有看新闻。어제 저녁에 뉴스를 보지 않았다.

| 2025 | **3** | 新鲜 xīnxiān | 형 신선하다. 싱싱하다. |

这些鱼很新鲜。이 생선들은 아주 신선하다.

| 2026 | 4 | 信封 xìnfēng | 명 편지봉투. | L5 |

你给我一个信封。 제게 편지봉투를 하나 주세요.

| 2027 | 5 | 信号 xìnhào | 명 신호. 사인. |

这里没有手机信号。 이곳은 휴대전화 신호가 없다.

| 2028 | 5 | 信任 xìnrèn | 동 신임하다. 신뢰하다.
명 신임. 신뢰. | L4 |

我很信任他。 나는 그를 매우 신임한다.
我获得了他的信任。 나는 그의 신임을 얻었다.

| 2029 | 4 | 信息 xìnxī | 명 소식. 정보. | L5 |

她提供了一些关于他的信息。 그녀는 그에 관한 소식을 약간 제공했다.

| 2030 | 4 | 信心 xìnxīn | 명 자신. 신념. |

他有信心考上大学。 그는 대학에 합격할 자신이 있다.

| 2031 | 3 | 信用卡 xìnyòngkǎ | 명 신용카드. | L4 |

外国人不能办信用卡。 외국인은 신용카드를 발급받을 수 없다.

| 2032 | 4 | 兴奋 xīngfèn | 형 불러일으키다. 격동하다. 격분하다. |

今天不知道为什么很兴奋。 오늘 왠지 모르게 흥분된다.

| 2033 | 1 | 星期 xīngqī | 명 주일. 요일. |

一个星期去一次。 일주일에 한 번 간다.

2034 ④ 行 xíng
- 혱 유능하다.
- 통 걷다. 가다.
- 통 ~해도 좋다.

小家伙你真行。너 이 녀석 정말 대단하다.
过马路是单行路。길 건너는 일방통행 길이다.
这样做行吗？ 이렇게 해도 됩니까?

2035 ⑤ 行动 xíngdòng
- 몡 행위. 행동.

一切行动听指挥。모든 행동은 지휘를 따른다.

2036 ③ 行李箱 xínglǐxiāng
- 몡 트렁크. 여행용 가방.

带了两个行李箱。두 개의 트렁크를 가지고 왔다.

2037 ⑤ 行人 xíngrén
- 몡 행인. 길을 가는 사람.

开车要注意行人。운전 시 행인을 주의해야 한다.

2038 ⑤ 行为 xíngwéi
- 몡 행위. 행동.

节约是一种爱国行为。절약은 애국 행위이다.

2039 ⑤ 形成 xíngchéng
- 통 형성되다. 이루어지다.

冰是由水形成的。얼음은 물로 이루어졌다.

2040 ⑤ 形容 xíngróng
- 통 형용하다. 묘사하다.

无法用语言来形容。말로 형용할 방법이 없다.

2041 ⑤ 形式 xíngshì
- 몡 형식. 형태.

两种形式的本质一样。두 가지 형식의 본질은 같다.

2042	⑤	**形势** xíngshì	명 상황. 형편.

目前的**形势**不太好。 현재의 상황이 그다지 좋지 않다.

2043	⑤	**形象** xíngxiàng	명 이미지. 인상. 형상. 형 생동적이다. 생생하다.

她是我们公司的**形象**大使。 그녀는 우리 회사의 이미지 홍보 대사이다.
他说得很**形象**。 그는 말을 매우 생동감 있게 한다.

2044	⑤	**形状** xíngzhuàng	명 형상. 물체의 외관.

两种物体的**形状**一样。 두 물체의 형상이 같다.

2045	④	**醒** xǐng	동 잠에서 깨다.

孩子已经**醒**了。 아이는 이미 잠에서 깼다.

2046	④	**幸福** xìngfú	형 행복하다.

一家人都很**幸福**。 일가족은 모두 행복하다.

2047	⑤	**幸亏** xìngkuī	부 다행히.

幸亏有你的帮忙，我才完成了工作。
다행히 네 도움이 있어서, 내가 일을 완성했다.

2048	⑤	**幸运** xìngyùn	형 운이 좋다. 행운이다.

我觉得自己很**幸运**。 나는 스스로 운이 좋다고 여긴다.

2049	④	**性别** xìngbié	명 성별.

不能有**性别**差别。 성차별이 있어서는 안 된다.

2050	④	**性格** xìnggé	명 성격.

他的**性格**很好。 그의 성격은 좋다.

2051 ⑤ **性质** xìngzhì   명 성질.

两种物体的性质相似。 두 물체의 성질이 비슷하다.

2052 ② **姓** xìng   명 성. 성씨.
                        동 성이 ~이다.

中国有很多姓。 중국에는 많은 성씨가 있다.
我姓张。 나는 장 씨이다.

2053 ⑤ **兄弟** xiōngdì   명 형제.

他们俩是兄弟。 그들 둘은 형제이다.

2054 ⑤ **胸** xiōng   명 가슴. 흉부.

我的胸很疼。 나는 가슴이 아프다.

2055 ③ **熊猫** xióngmāo   명 판다.

熊猫主要分布在四川。 판다는 주로 쓰촨에 분포한다.

2056 ② **休息** xiūxi   동 쉬다. 휴식하다.

你可以先休息一下。 너는 먼저 좀 쉬어도 된다.

2057 ⑤ **休闲** xiūxián   동 한가하게 지내다.

他经常去山里休闲。 그는 자주 산에 가서 한가하게 지낸다.

2058 ⑤ **修改** xiūgǎi   동 수정하다. 고치다.

请帮我修改一下这篇文章。 나를 도와서 이 문장을 좀 수정해 주세요.

2059 ④ **修理** xiūlǐ   동 고치다. 수리하다.   **L6**

我爸爸从事修理自行车的行业。
아버지는 자전거를 수리하는 일에 종사하신다.

| 2060 | 5 | 虚心 xūxīn | 혱 겸허하다. |

我虚心接受你的意见。나는 당신의 의견을 겸허하게 받아들이겠습니다.

| 2061 | 3 | 需要 xūyào | 동 필요하다. |

我需要两个本子。나는 두 권의 공책이 필요하다.

| 2062 | 4 | 许多 xǔduō | 혱 매우 많다. |

家里来了许多客人。집에 손님이 많이 오셨다.

| 2063 | 5 | 叙述 xùshù | 동 서술하다. 기술하다. |

你叙述一下事情经过。일의 경과를 좀 서술하세요.

| 2064 | 5 | 宣布 xuānbù | 동 선포하다. 공표하다. |

由他宣布了结果。그가 결과를 선포했다.

| 2065 | 5 | 宣传 xuānchuán | 동 선전하다. 홍보하다. |

政府通过各种媒体宣传新政策。
정부는 각종 매체를 통해 새로운 정책을 선전한다.

| 2066 | 3 | 选择 xuǎnzé | 동 고르다. 선택하다. |

每个人都能选择。각자가 다 선택할 수 있다.

| 2067 | 5 | 学历 xuélì | 명 학력. | L6 |

他的学历很高。그의 학력은 높다.

2068 ④ 学期 xuéqī   명 학기.

一年分两个**学期**。일 년은 두 학기로 나뉜다.

2069 ① 学生 xuésheng   명 학생.

这个学校有1000名**学生**。이 학교에는 천 명의 학생이 있다.

2070 ⑤ 学术 xuéshù   명 학술.

我每年参加两次**学术**会议。나는 매년 두 차례 학술회의에 참가한다.

2071 ⑤ 学问 xuéwèn   명 학문.

他很喜欢做**学问**。그는 학문하는 것을 좋아한다.

2072 ① 学习 xuéxí   동 공부하다. 배우다.

他努力**学习**韩国语。그는 한국어를 열심히 공부한다.

2073 ① 学校 xuéxiào   명 학교.

他送儿子去**学校**了。그는 아들을 학교에 바래다 주었다.

2074 ② 雪 xuě   명 눈.

明天有**雪**。내일 눈이 내린다.

2075 ⑤ 寻找 xúnzhǎo   동 찾다.

他在**寻找**新的伙伴。그는 새로운 동료를 찾고 있다.

2076 ⑤ 询问 xúnwèn   동 물어보다. 알아보다.

你可以**询问**一下老师。당신은 선생님께 좀 물어보면 됩니다.

| 2077 | ⑤ | 训练 xùnliàn | 图 훈련하다. |

从今天进行口语**训练**。 오늘부터 회화 훈련을 진행한다.

| 2078 | ⑤ | 迅速 xùnsù | 图 신속하다. 재빠르다. |

一辆车**迅速**开过去了。 차 한 대가 신속히 지나갔다.

| 2079 | ④ | 压力 yālì | 图 스트레스. 압력. |

生活的**压力**很大。 생활 중의 스트레스가 크다.

| 2080 | ④ | 呀 ya | 图 (놀람을 나타내어) 야!. 아!. |

呀，真的是你啊? 야, 정말 너야?

| 2081 | ⑤ | 押金 yājīn | 图 보증금. 담보금. | **L6** |

把**押金**还给我。 보증금을 내게 돌려주세요.

| 2082 | ⑤ | 牙齿 yáchǐ | 图 치아. 이. | **N** |

奶奶多加注意保护**牙齿**。 할머니는 치아 보호에 더욱 신경 쓰신다.

| 2083 | ④ | 牙膏 yágāo | 图 치약. |

用**牙膏**刷牙。 치약으로 양치질해라.

| 2084 | ④ | 亚洲 Yàzhōu | 图 아시아주. |

中国是**亚洲**国家。 중국은 아시아주 국가이다.

2085	5	延长 yáncháng	동 연장하다. 늘이다.	

工作时间延长了。작업 시간이 연장되었다.

2086	4	严格 yángé	형 엄격하다. 엄하다.	

他是一个很严格的老师。그는 매우 엄격한 선생님이시다.

2087	5	严肃 yánsù	형 엄숙하다. 근엄하다.	

爸爸的表情很严肃。아빠의 표정이 엄숙하시다.

2088	4	严重 yánzhòng	형 위급하다. 심각하다.	

问题很严重。문제가 심각하다.

2089	4	研究 yánjiū	동 연구하다. 논의하다.	**C**

告诉我们研究结果。우리에게 연구결과를 알려줘.

2090	4	盐 yán	명 소금. 식염.	

这个菜放的盐太多了。이 요리에 소금을 너무 많이 넣었다.

2091	2	颜色 yánsè	명 색. 색깔.	

这件衣服的颜色很好看。이 옷 색깔 아주 예쁘다.

2092	2	眼睛 yǎnjing	명 눈.	

她的眼睛很大。그녀의 눈은 크다.

2093	4	眼镜 yǎnjìng	명 안경.	**L3**

老人在戴着眼镜看报纸。어르신은 안경을 쓰고 신문을 보신다.

2094 ④ 演出 yǎnchū
⑧ 공연하다.
⑲ 공연.

我们去礼堂演出。 우리는 강당에 가서 공연한다.
今天晚上有演出。 오늘 저녁에 공연이 있다.

2095 ⑤ 演讲 yǎnjiǎng
⑲ 강연.
⑧ 강연하다. 연설하다.
L6

礼堂里有一场演讲。 강당에서 강연 하나가 열린다.
你今天演讲什么题目？ 너는 오늘 무슨 제목으로 강연해?

2096 ④ 演员 yǎnyuán
⑲ 배우. 연기자.

姐姐是演员。 언니는 연기자다.

2097 ⑤ 宴会 yànhuì
⑲ 연회. 파티.

我参加了朋友的生日宴会。 나는 친구 생일파티에 참가했다.

2098 ② 羊肉 yángròu
⑲ 양고기.

很多韩国人不喜欢吃羊肉。 많은 한국인이 양고기를 좋아하지 않는다.

2099 ④ 阳光 yángguāng
⑲ 햇빛.

今天的阳光很好。 오늘은 햇빛이 좋다.

2100 ⑤ 阳台 yángtái
⑲ 발코니. 베란다.

阳台上有很多花儿。 발코니에 꽃이 많다.

2101 ④ 养成 yǎngchéng
⑧ 습관이 되다. 기르다.

她从小养成好习惯。 그녀는 어려서부터 좋은 습관을 길렀다.

| 2102 | ⑤ | 痒 yǎng | 혱 간지럽다. 가렵다. |

脖子很痒。 목이 간지럽다.

| 2103 | ⑤ | 样式 yàngshì | 몡 스타일. 형식. 양식. 디자인. |

这件衣服的样式很好看。 이 옷의 스타일이 예쁘다.

| 2104 | ④ | 样子 yàngzi | 몡 모양. 모습. |

他的样子好像生气了。 그의 모습이 화난 것 같다.

| 2105 | ③ | 要求 yāoqiú | 동 요구하다. |

我要求他们三点到。 나는 그들에게 3시에 도착하라고 요구했다.

| 2106 | ⑤ | 腰 yāo | 몡 허리. |

爸爸一直腰疼。 아빠는 줄곧 허리가 아프시다.

| 2107 | ④ | 邀请 yāoqǐng | 동 초대하다. 초청하다. |

我邀请朋友来我的新房吃饭。
나는 신혼집으로 밥을 먹으러 오라고 친구들을 초대했다.

| 2108 | ⑤ | 摇 yáo | 동 흔들다. |

他摇了摇手说不去了。 그는 손을 내 저으면서 가지 않는다고 말했다.

| 2109 | ⑤ | 咬 yǎo | 동 물다. |

他被狗咬了。 그는 개에게 물렸다.

| 2110 | ② | 药 yào | 몡 약. 약물. |

晚上别忘了吃药。 저녁에 약 먹는 거 잊지 마.

2111	②	要 yào	조동 ~하려고 한다. 통 원하다. 필요하다.

你要干什么? 너는 뭐 하려고 했어?

2112	⑤	要不 yàobù	접 그러지 말고. 그렇지 않으면.

今天很忙，要不明天去吧。 오늘은 바쁘니, 그러지 말고 내일 가자.

2113	④	要是 yàoshi	접 만약 ~이라면. **L5**

要是你忙，我就明天再来。
만약 네가 바쁘면, 내가 그냥 내일 다시 올게.

2114	④	钥匙 yàoshi	명 열쇠.

钥匙丢了。 열쇠를 잃어버렸다.

2115	③	爷爷 yéye	명 할아버지.

爷爷很健康。 할아버지는 건강하시다.

2116	②	也 yě	부 ~도.

我也会说汉语。 나도 중국어를 할 줄 안다.

2117	④	也许 yěxǔ	부 어쩌면. 아마도.

也许明天会下雨。 어쩌면 내일 비가 올 수도 있다.

2118	⑤	业务 yèwù	명 업무.

他增加了一项新业务。 그에게 새로운 업무가 하나 늘었다.

2119	⑤	业余 yèyú	명 여가(시간). 업무 외. 형 비전문의.

你业余干什么? 너는 한가한 시간에 뭐해?

2120 ④ **叶子** yèzi ⃝명 잎.

叶子都黄了。잎이 노래졌다.

2121 ④ **页** yè ⃝명 쪽. 면.

这本书一共有150页。이 책은 모두 150쪽이다.

2122 ⑤ **夜** yè ⃝명 밤.

今天夜里有雨。오늘 밤에는 비가 온다.

2123 ① **一** yī ⃝주 1. 하나.

他一个人在哭。그는 혼자 울고 있다.

2124 ③ **一般** yìbān ⃝형 보통이다. 일반적이다.

他一般六点起床。그는 보통 여섯 시에 기상한다.

2125 ⑤ **一辈子** yíbèizi ⃝명 한평생. 일생.

我爱你一辈子。나는 너를 평생 사랑한다.

2126 ③ **一边** yìbiān ⃝명 한쪽. 한 편.
⃝부 ～하면서 ～하다.

把工作放在一边。일을 한쪽에 제쳐 놓으세요.
一边吃饭一边看电视。식사하면서 텔레비전을 본다.

2127 ⑤ **一旦** yídàn ⃝부 일단.

一旦先把书包放到家里。일단 먼저 책가방을 집에 두세요.

2128 ① **一点儿** yìdiǎnr ⃝양 조금. 약간. **N**

你借我一点儿钱。제게 돈을 좀 빌려주세요.

2129 ❸ 一定 yídìng 　　　🔲 반드시. 꼭.

我明天一定去。나는 내일 반드시 간다.

2130 ❸ 一共 yígòng 　　　🔲 모두. 전부.

一共有九个人。모두 합쳐 아홉 명이다.

2131 ❸ 一会儿 yíhuìr 　　　🔲 짧은 시간.
　　　　　　　　　　　　🔲 ～하다가 ～하다.

在下面等我一会儿。아래에서 저를 잠시 기다리세요.
天气一会儿阴一会儿晴。날씨가 흐렸다가 맑았다 한다.

2132 ❺ 一律 yílǜ 　　　🔲 모두. 일률적으로. 예외 없이. **L6**

做不完作业一律不可以回家。숙제를 못 하면 모두 집에 못 간다.

2133 ❷ 一起 yìqǐ 　　　🔲 같이. 함께.

我们一起去吧。우리 같이 갑시다.

2134 ❹ 一切 yíqiè 　　　🔲 일체. 모든.

一切都是为了孩子。모든 것이 아이를 위한 것이다.

2135 ❷ 一下 yíxià 　　　🔲 갑자기.
　　　　　　　　　　　🔲 (동사 뒤에 쓰여) 좀 ～하다. **N**

一下完不成这么多工作。갑자기 이렇게 많은 일을 완성할 수 없다.
你过来一下吧。너 잠깐 와봐.

2136 3 一样 yíyàng 　　　형 같다.

这件衣服和那件一样。이 옷은 저 옷과 같다.

2137 5 一再 yízài 　　　부 수차. 거듭. L6

我一再告诉他不要迟到。
나는 거듭 그에게 지각하지 말라고 알려주었다.

2138 3 一直 yìzhí 　　　부 계속. 줄곧.

从这里一直往前走就是。이곳에서 줄곧 앞으로 가면 바로입니다.

2139 5 一致 yízhì 　　　형 일치하다.

说的和做的要一致。말과 행동은 일치해야 한다.

2140 1 衣服 yīfu 　　　명 옷. 의복.

我喜欢买衣服。나는 옷 사는 것을 좋아한다.

2141 1 医生 yīshēng 　　　명 의사.

妈妈是医生。엄마는 의사이다.

2142 1 医院 yīyuàn 　　　명 병원.

那里有一座医院。저기에 병원이 있다.

2143 5 依然 yīrán 　　　부 여전히.

多年过去了，他依然爱着她。
여러 해가 지났으나, 그는 여전히 그녀를 사랑한다.

2144 5 移动 yídòng 　　　동 옮기다. 움직이다.

把椅子移动一下。의자를 옮기세요.

2145 ⑤ 移民 yímín
동 이민하다.
명 이민. 이민한 사람.

他移民美国了。그는 미국으로 이민 갔다.
美国有很多移民。미국에 많은 이민자가 있다.

2146 ⑤ 遗憾 yíhàn
명 여한.
형 유감스럽다.

他留下了很多遗憾。그는 많은 여한을 남겼다.
这次没见到他，真遗憾。이번에 그를 못 봐서, 정말 유감스럽다.

2147 ⑤ 疑问 yíwèn
명 의문.

还有什么疑问吗? 또 무슨 의문이 있습니까?

2148 ⑤ 乙 yǐ
명 을.

甲乙双方经过协商签订了合同。
갑과 을 쌍방은 협상을 통해 계약서에 서명했다.

2149 ② 已经 yǐjing
부 이미. 벌써.

我已经来了。나는 이미 왔다.

2150 ④ 以 yǐ
전 ~로써. ~으로.

以这条直线为标准。이 직선을 표준으로 삼았다.

2151 ⑤ 以及 yǐjí
접 및. 그리고.

这个学期以及下个学期我都没有课。
이번 학기와 다음 학기 나는 모두 수업이 없다.

2152 ⑤ 以来 yǐlái
명 이래. 동안.

多年以来他一直爱着她。여러 해 동안 그는 줄곧 그녀를 좋아하고 있다.

2153 ③ **以前 yǐqián** 명 이전. 예전.

我<u>以前</u>来过这里。 나는 이전에 이곳에 온 적이 있다.

2154 ④ **以为 yǐwéi** 동 여기다. 간주하다. **L3**

我<u>以为</u>今天会下雨。 나는 오늘 비가 올 줄 알았다.

2155 ① **椅子 yǐzi** 명 의자.

一把<u>椅子</u>是100块。 의자가 한 개에 100위안이다.

2156 ⑤ **亿 yì** 준 억. **L4**

一套公寓五<u>亿</u>韩币 。 아파트 한 채는 한국 돈으로 5억이다.

2157 ⑤ **义务 yìwù** 명 의무.

劳动是每个人的<u>义务</u>。 노동은 모든 사람의 의무이다.

2158 ④ **艺术 yìshù** 명 예술.

他很懂<u>艺术</u>。 그는 예술을 매우 잘 이해한다.

2159 ⑤ **议论 yìlùn** 동 논의하다. 의논하다.

大家在<u>议论</u>那件事情。 모두 그 일을 논의 중이다.

2160 ④ **意见 yìjiàn** 명 견해. 의견.

有什么<u>意见</u>就告诉我。 무슨 의견이 있으면 제게 말씀하세요.

2161 ② **意思 yìsi** 명 의미. 뜻. 재미.

这个电影很有<u>意思</u>。 이 영화는 아주 재미있다.

| 2162 | 5 | **意外** yìwài | 형 의외이다. |

他很意外。 그는 의외이다.

| 2163 | 5 | **意义** yìyì | 명 의의. |

生命的意义是什么? 생명의 의의는 무엇입니까?

| 2164 | 4 | **因此** yīncǐ | 접 이로 인하여. |

下雨了,因此运动会取消了。 비가 내려서 운동회가 취소되었다.

| 2165 | 5 | **因而** yīn'ér | 접 그러므로. |

他病了,因而没有来。 그는 병이 나서 오지 않았다.

| 2166 | 5 | **因素** yīnsù | 명 요소. 성분. |

缺水是这里不发达的因素之一。
물 부족은 이곳이 발달하지 않는 요소 중 하나이다.

| 2167 | 2 | **因为…所以…**
yīnwèi … suǒyǐ … | 접 왜냐하면 ~ 그래서 ~. | **C** |

因为路上很滑,所以走路要小心。
길이 미끄러워서 걸을 때 조심해야 한다.

| 2168 | 2 | **阴** yīn | 형 흐리다. |

天一直阴着。 날이 계속 흐리다.

| 2169 | 3 | **音乐** yīnyuè | 명 음악. |

我爱听音乐。 나는 음악 감상을 좋아한다.

| 2170 | 5 | **银** yín | 명 은. |

这个戒指是银的。 이 반지는 은이다.

2171 ③ **银行 yínháng** 명 은행.

我去一下银行。 나는 은행에 좀 갈게.

2172 ④ **引起 yǐnqǐ** 동 일으키다. 야기하다.

他的话引起了大家的不满。 그의 말이 모두의 불만을 야기했다.

2173 ③ **饮料 yǐnliào** 명 음료. **L4**

我们买一杯饮料喝吧。 우리 음료수 한 잔을 사서 마시자.

2174 ⑤ **印刷 yìnshuā** 동 인쇄하다. **L6**

那本书印刷了五次。 그 책은 다섯 번이나 인쇄했다.

2175 ④ **印象 yìnxiàng** 명 인상.

人们对他的印象很好。 사람들의 그에 대한 인상은 좋다.

2176 ③ **应该 yīnggāi** 조동 ~해야 한다.

你应该努力学习。 너는 반드시 열심히 공부해야 한다.

2177 ⑤ **英俊 yīngjùn** 형 잘생기다. 재능이 출중하다.

他长得很英俊。 그는 매우 잘생겼다.

2178 ⑤ **英雄 yīngxióng** 명 영웅.

他是一位英雄。 그는 영웅이다.

2179 ⑤ **迎接 yíngjiē** 동 영접하다. 마중하다.

大家都在准备迎接新年。 모두 새해맞이를 준비 중이다.

| 2180 | 5 | 营养 yíngyǎng | 명 영양. |

吃东西要注意营养。 음식을 먹을 때는 영양에 신경 써야 한다.

| 2181 | 5 | 营业 yíngyè | 동 영업하다. |

那个新餐馆已经开始营业了。
저 새로 생긴 음식점은 이미 영업을 시작했다.

| 2182 | 4 | 赢 yíng | 동 이기다. 승리하다. |

在这次运动会上我们班第一次赢了。
이번 운동회에서, 우리 반은 처음으로 이겼다.

| 2183 | 3 | 影响 yǐngxiǎng | 명 영향.
동 영향을 주다. |

父母的举动对孩子的影响很大。
부모의 행동이 아이에게 미치는 영향은 크다.

外面的声音影响了我学习。 외부의 소리가 내 공부에 영향을 미친다.

| 2184 | 5 | 影子 yǐngzi | 명 그림자. |

墙上有一个人的影子。 벽에 한 사람의 그림자가 있다.

| 2185 | 5 | 应付 yìngfu | 동 대응하다. 대처하다. |

工作太多，我一个人应付不过来。
업무가 너무 많아 나 혼자서 대응할 수 없다.

| 2186 | 4 | 应聘 yìngpìn | 동 지원하다. | L5 |

我去他们公司应聘过。 나는 그들 회사에 지원한 적이 있다.

| 2187 | 5 | 应用 yìngyòng | 동 응용하다. |

学到的知识要应用在工作中。 배운 지식은 업무 중에 응용해야 한다.

| 2188 | 5 | **硬** yìng | 형 단단하다. 딱딱하다. | L4 |

这床太硬了，奶奶睡不着。
이 침대는 너무 딱딱해서 할머니께서 잠을 못 주무신다.

| 2189 | 5 | **硬件** yìngjiàn | 명 하드웨어. |

电脑有很多硬件组成。 컴퓨터는 여러 하드웨어로 구성되어 있다.

| 2190 | 5 | **拥抱** yōngbào | 동 포옹하다. 껴안다. |

他们俩紧紧拥抱在一起了。 그들 둘은 꽉 껴안고 같이 있다.

| 2191 | 5 | **拥挤** yōngjǐ | 형 혼잡하다. 붐비다. |

这里很拥挤。 이곳은 혼잡하다.

| 2192 | 4 | **永远** yǒngyuǎn | 부 영원히. |

我爱你到永远。 나는 너를 영원히 사랑한다.

| 2193 | 4 | **勇敢** yǒnggǎn | 형 용감하다. |

他很勇敢。 그는 용감하다.

| 2194 | 5 | **勇气** yǒngqì | 명 용기. |

大家的鼓励给了他勇气。 모두의 격려가 그에게 용기를 주었다.

| 2195 | 3 | **用** yòng | 동 쓰다. 사용하다. |

他在用手机打电话。 그는 휴대전화로 통화하고 있다.

| 2196 | 5 | **用功** yònggōng | 형 열심히 공부하다. | L6 |

他学习很用功。 그는 공부를 열심히 한다.

2197	5	**用途** yòngtú	명 용도.

这个东西有什么**用途**? 이 물건은 어떤 용도가 있습니까?

2198	4	**优点** yōudiǎn	명 장점.

那个孩子的**优点**很多。 그 아이의 장점은 많다.

2199	5	**优惠** yōuhuì	형 특혜의. 우대의.

如果买两个会有**优惠**条件。 만약 두 개를 사면 특혜조건이 있다.

2200	5	**优美** yōuměi	형 우아하고 아름답다.

舞蹈演员的动作很**优美**。 무용수의 동작이 아름답다.

2201	5	**优势** yōushì	명 우세.

他觉得自己有很多**优势**。 그는 스스로 매우 우세하다고 생각한다.

2202	4	**优秀** yōuxiù	형 우수하다.

他是一位**优秀**的科学家。 그는 우수한 과학자이다.

2203	4	**幽默** yōumò	형 유머러스하다.

他说话很**幽默**。 그는 말을 유머러스하게 한다.

2204	5	**悠久** yōujiǔ	형 유구하다. 아득하게 오래다.

中国有**悠久**的历史。 중국은 유구한 역사가 있다.

2205	4	**尤其** yóuqí	부 특히. 더욱이.

最近,**尤其**昨天很热。 최근에 특히 어제가 더웠다.

Y

2206 ④ 由 yóu   젠 ~로부터. ~에서.

灾难是由台风造成的。재난은 태풍 때문에 일어났다.

2207 ④ 由于 yóuyú   젠 ~때문에. ~로 인하여.

由于他不在，会议无法继续进行。
그가 없어서, 회의는 계속 진행할 수 없다.

2208 ④ 邮局 yóujú   명 우체국.   **L5**

我去一下邮局。저는 우체국에 좀 갑니다.

2209 ⑤ 犹豫 yóuyù   형 망설이다. 주저하다.

他在犹豫明天是不是去。그는 내일 갈지 안 갈지 망설이는 중이다.

2210 ⑤ 油炸 yóuzhá   동 (끓는) 기름에 튀기다.

他爱吃油炸食品。그는 기름에 튀긴 음식을 좋아한다.

2211 ⑤ 游览 yóulǎn   동 유람하다.

我们一起游览了长城。우리는 함께 만리장성에 유람을 갔다.

2212 ③ 游戏 yóuxì   명 게임. 놀이.
                                   동 장난치다. 놀다.

我喜欢玩儿游戏。나는 게임하는 것을 좋아한다.
不能游戏人生。인생을 가지고 장난쳐서는 안 된다.

2213 ② 游泳 yóuyǒng   동 수영하다. 헤엄치다.

他很喜欢游泳。그는 수영하는 것을 좋아한다.

2214 ④ 友好 yǒuhǎo   형 우호적이다.

两个国家的关系很友好。두 나라의 관계는 아주 우호적이다.

2215 ④ **友谊** yǒuyì 명 우의. 우정.

为我们的友谊干杯。우리의 우정을 위해 건배합시다.

2216 ① **有** yǒu 동 있다.

我有三个姐姐。나는 세 명의 언니가 있다.

2217 ⑤ **有利** yǒulì 형 유리하다.

这样做对我们公司有利。이렇게 하면 우리 회사에 유리하다.

2218 ③ **有名** yǒumíng 형 유명하다.

他在当地很有名。그는 그 지방에서 유명하다.

2219 ④ **有趣** yǒuqù 형 재미있다.

这个故事很有趣。이 이야기는 아주 재미있다.

2220 ③ **又** yòu 부 또. 다시.

孩子又哭了。아이가 또 운다.

2221 ② **右边** yòubian 명 오른쪽.

大楼右边是一个大公园。큰 건물 오른쪽은 큰 공원이다.

2222 ⑤ **幼儿园** yòu'éryuán 명 유치원. 유아원.

她先把女儿送幼儿园。그녀는 먼저 딸을 유치원에 데려다 준다.

2223 ④ **于是** yúshì 접 그래서. 이리하여.

朋友不想去，于是他就自己一个人去了。
친구가 가고 싶어하지 않아서, 그는 혼자 갔다.

| 2224 | ② | 鱼 yú | 명 물고기. |

买了几斤鱼。물고기 몇 근을 샀다.

| 2225 | ⑤ | 娱乐 yúlè | 동 (쉬는 시간을) 즐겁게 보내다. 오락하다.
명 오락. 즐거움. |

周六出去娱乐一下吧。토요일에 나가서 즐겁게 보내자.
平时没有什么娱乐活动。평소에는 별다른 오락활동이 없다.

| 2226 | ④ | 愉快 yúkuài | 형 유쾌하다. 기쁘다. |

今天过得很愉快。오늘 매우 유쾌하게 보냈다.

| 2227 | ④ | 与 yǔ | 접 ~와(과). |

这是我与他的事情，你不要管。
이것은 나와 그의 일이니, 너는 상관하지 마라.

| 2228 | ⑤ | 与其 yǔqí | 접 ~하기보다는. ~하느니. |

与其在这里等她，不如去她家找她。
여기에서 그녀를 기다리느니, 그녀의 집에 찾아가는 것이 낫겠다.

| 2229 | ④ | 羽毛球 yǔmáoqiú | 명 배드민턴. |

明天有羽毛球比赛。내일 배드민턴 경기가 있다.

| 2230 | ④ | 语法 yǔfǎ | 명 어법. |

我很喜欢学习韩国语语法。
나는 한국어 어법 배우는 것을 아주 좋아한다.

| 2231 | ⑤ | 语气 yǔqì | 명 말투. |

不要用这样的语气和我说话。이런 말투로 내게 말하지 마라.

2232 ④ 语言 yǔyán 　　　　　 圐 언어.

语言是人类交流的工具。언어는 인류 교류의 도구이다.

2233 ⑤ 玉米 yùmǐ 　　　　　　 圐 옥수수.

这里是重要的玉米产地。이곳은 중요한 옥수수 생산지이다.

2234 ⑤ 预报 yùbào 　　　　　　 圐 예보하다.

预报说今天有雨。예보하기를 오늘 비가 온다고 한다.

2235 ⑤ 预订 yùdìng 　　　　　　 圐 예약하다.

我已经为你们预订了房间。나는 이미 너희를 위해 방을 예약했다.

2236 ⑤ 预防 yùfáng 　　　　　　 圐 예방하다.

政府要预防疾病的传播。정부는 질병의 전파를 예방하려고 한다.

2237 ④ 预习 yùxí 　　　　　　　 圐 예습하다.

我在预习课文。나는 본문을 예습 중이다.

2238 ③ 遇到 yùdào 　　　　　　 圐 만나다.

在公园遇到了多年没见的同学。
공원에서 오랫동안 보지 못했던 친구를 만났다.

2239 ③ 元 yuán 　　　　　　　 圐 위안. (중국 화폐 단위)　 L2

一件衣服300元。옷 한 벌에 300위안이다.

2240 ⑤ 元旦 yuándàn 　　　　 圐 원단. (양력 1월 1일)

大家一起欢度元旦。모두 같이 원단을 즐겁게 보낸다.

2241 ⑤ 员工 yuángōng 　명 종업원.　　Ⓝ

这个公司有很多员工。이 회사는 종업원이 많다.

2242 ④ 原来 yuánlái 　부 알고 보니. 원래는.
　　　　　　　　　　　　형 원래의. 본래의.

原来他已经到了。알고 보니 그는 이미 도착했다.
这不是原来的目的。이것은 원래의 목적이 아니다.

2243 ④ 原谅 yuánliàng 　동 양해하다. 이해하다. 용서하다.

我迟到了，请原谅。제가 늦었습니다, 양해해 주세요.

2244 ⑤ 原料 yuánliào 　명 원료. 감.

因为缺乏原料，工厂停工了。원료가 부족해서 공장이 멈췄다.

2245 ④ 原因 yuányīn 　명 원인.

今天迟到的原因是堵车。오늘 지각한 원인은 교통체증이다.

2246 ⑤ 原则 yuánzé 　명 원칙.

他做事很讲究原则。그는 일을 할 때 원칙을 중요시한다.

2247 ⑤ 圆 yuán 　명 원.　　L4

在地上画了一个圆。땅에 원 하나를 그렸다.

2248 ② 远 yuǎn 　형 멀다.

我家离邮局很远。우리 집은 우체국에서 멀다.

2249 ⑤ 愿望 yuànwàng 　명 희망. 바람.

我的**愿望**终于实现了。 내 희망이 마침내 실현되었다.

2250 ③ **愿意 yuànyì**　　　　　⑧ 원하다. 기꺼이 ~하다.

我**愿意**和你一起去看电影。 나는 너와 같이 영화 보러 가기를 원한다.

2251 ④ **约会 yuēhuì**　　　　　⑧ 약속하다.
　　　　　　　　　　　　　　⑨ 약속.

他**约会**去了。 그는 약속에 나갔다.
我有个重要的**约会**。 나는 중요한 약속이 있다.

2252 ① **月 yuè**　　　　　　　⑨ 월. 달.

一年有十二个**月**。 일 년은 12개월이 있다.

2253 ③ **月亮 yuèliang**　　　　⑨ 달.

月亮升起来了。 달이 떠올랐다.

2254 ⑤ **乐器 yuèqì**　　　　　⑨ 악기.　　　　　　Ⓝ

你能演奏什么**乐器**吗? 너는 어떤 악기를 연주할 수 있니?

2255 ④ **阅读 yuèdú**　　　　　⑧ 독해하다. (책이나 신문을) 보다.

阅读小说是学语言的最好方法。
소설을 읽는 것은 언어를 공부하는 데 제일 좋은 방법이다.

2256 ③ **越 yuè**　　　　　　　⑧ 뛰어넘다.
　　　　　　　　　　　　　　⑨ 점점 ~하다. ~하면 할수록 ~하다.

小偷**越**墙逃跑了。 도둑이 담을 넘어 도망갔다.
他**越**紧张**越**不知道怎么做。
그는 긴장하면 할수록 어떻게 할 줄을 모른다.

2257 ⑤ **晕** yūn   형 어지럽다.
                         동 기절하다. 까무러치다.

我的头有点儿晕。 내 머리가 좀 어지럽다.
她突然晕倒了。 그녀는 갑자기 쓰러졌다.

2258 ④ **云** yún   명 구름.   **L3**

天上有很多云。 하늘에 구름이 많다.

2259 ④ **允许** yǔnxǔ   동 동의하다. 허락하다.

这里不允许停车。 이곳에 정차해서는 안 된다.

2260 ② **运动** yùndòng   명 운동.
                            동 운동하다.

我们一起去做运动吧。 우리 같이 운동하러 갑시다.
我每天运动三个小时。 나는 매일 3시간 운동한다.

2261 ⑤ **运气** yùnqi   명 운수. 운세.

最近我的运气很好。 최근에 나의 운수가 좋다.

2262 ⑤ **运输** yùnshū   동 운송하다. 운수하다.

运输货物的火车进站了。 화물을 운송하는 기차가 역에 들어왔다.

2263 ⑤ **运用** yùnyòng   동 활용하다. 운용하다.

解决这个问题要运用力学知识。
이 문제를 해결하려면 역학지식을 활용해야 한다.

2264 ④ **杂志 zázhì** 몡 잡지.

他在书店买了一本**杂志**。 그는 서점에서 잡지 한 권을 샀다.

2265 ⑤ **灾害 zāihài** 몡 재해. 재난.

台风给这里带来了**灾害**。 태풍이 이곳에 재해를 가져왔다.

2266 ② **再 zài** 뷔 재차. 또.

我不**再**相信你了。 나는 다시는 너를 믿지 않는다.

2267 ① **再见 zàijiàn** 동 또 뵙겠습니다. 안녕.

一个月后**再见**。 한 달 후에 다시 만나자.

2268 ⑤ **再三 zàisān** 뷔 몇 번씩. 재삼. 여러 번.

他**再三**说明了自己没错。
그는 몇 번씩 자신이 틀리지 않았다고 설명했다.

2269 ① **在 zài** 동 ~에 있다.
전 ~에서. ~에.

他**在**办公室。 그는 사무실에 있다.
我**在**家工作。 나는 집에서 일한다.

2270 ⑤ **在乎 zàihu** 동 마음에 두다. 개의하다. **L6**

我不**在乎**我的家人。 나는 내 가족을 신경 쓰지 않는다.

2271 ⑤ **在于 zàiyú** 동 ~에 있다. ~에 달려 있다. **N**

生命**在于**运动。 생명은 운동에 달려 있다.

2272 ④ **咱们** zánmen　　　　대 우리.

咱们都是韩国人。우리는 모두 한국인이다.

2273 ④ **暂时** zànshí　　　　명 잠깐. 잠시.

我**暂时**住在朋友家里。나는 잠시 친구 집에서 머문다.

2274 ⑤ **赞成** zànchéng　　　　동 찬성하다. 찬동하다.

我**赞成**你的想法。나는 네 생각에 찬성한다.

2275 ⑤ **赞美** zànměi　　　　동 찬미하다.

写诗歌**赞美**我们的祖国。시가를 써서 우리의 조국을 찬미한다.

2276 ④ **脏** zāng　　　　형 더럽다.

你的手很**脏**，去洗一下。네 손이 더러우니, 가서 씻어라.

2277 ⑤ **糟糕** zāogāo　　　　형 엉망이 되다. 망치다.

很**糟糕**，我忘记带钥匙了。이런, 나는 열쇠 가져오는 것을 깜박했어.

2278 ② **早上** zǎoshang　　　　명 아침.

早上好。안녕하세요. (아침 인사)

2279 ⑤ **造成** zàochéng　　　　동 형성하다. 조성하다.

这些损失是由他的不小心**造成**的。
이 손실들은 그의 부주의로 일어난 것이다.

2280 ⑤ **则** zé　　　　접 ～하면 ～하다.
　　　　　　　　접 오히려. 그러나.

闻过则喜。자신의 잘못이나 결점을 남이 지적해주면 기뻐한다.

今则不然。지금은 오히려 그렇지 않다.

2281 **5** 责备 zébèi   동 나무라다. 책망하다.

不要再责备他了，他已经知道错了。
그를 더 이상 나무라지 마세요, 그는 이미 자신이 틀렸다는 것을 압니다.

2282 **4** 责任 zérèn   명 책임.

教书育人是老师的责任。
글을 가르치고 사람을 기르는 것은 교사의 책임이다.

2283 **1** 怎么 zěnme   대 어떻게. 왜. 어째서.

你怎么来了？너는 어떻게 왔어?

2284 **1** 怎么样 zěnmeyàng   대 어떻다. 어떠하다.

这件衣服怎么样？이 옷 어때?

2285 **4** 增加 zēngjiā   동 증가하다. 늘리다.

人口增加了很多。인구가 많이 증가했다.

2286 **5** 摘 zhāi   동 따다. 뜯다.

你摘一些苹果来吧。사과를 좀 따 와라.

2287 **5** 窄 zhǎi   형 좁다. **L4**

这条路太窄了。이 길은 너무 좁다.

2288 **5** 粘贴 zhāntiē   동 붙이다. 바르다.

墙上粘贴着很多广告。벽에 많은 광고가 붙어 있다.

2289 ⑤ 展开 zhǎnkāi 동 펴다. 펼치다.

工作已经展开了。 일은 이미 전개되었다.

2290 ⑤ 展览 zhǎnlǎn 명 전람. 전시회.
　　　　　　　　　 동 전시하다. 전람하다.

我们去看一场图片展览怎么样？ 우리 사진 전시회에 가보는 거 어때?
这楼展览着新厨具。 이 건물은 새로운 주방기구를 전시하고 있다.

2291 ⑤ 占 zhàn 동 차지하다.　　　　　　　　　 N

这个桌子占了很大的空间。 이 책상은 많은 공간을 차지한다.

2292 ④ 占线 zhànxiàn 동 (전화 선로가) 통화 중이다.　 L5

我打电话给你了，但是一直占线。
네게 전화했는데, 계속 통화 중이더라.

2293 ⑤ 战争 zhànzhēng 명 전쟁.

人们都不喜欢战争。 사람은 모두 전쟁을 싫어한다.

2294 ③ 站 zhàn 동 서다.
　　　　　　　　 명 정거장. 역.

他一直站着。 그는 줄곧 서 있었다.

下一站是哪儿？ 다음 정거장은 어디 입니까?

2295 ③ 张 zhāng 양 장. (종이나 가죽 등 표면이 넓은 것을
　　　　　　　　　세는 데 쓰임)
　　　　　　　　 동 열다. 펼치다.　　　　　　 L2

从网上订了三张票。 인터넷에서 표 3장을 예매했다.
张开嘴吧。 입을 벌리세요.

2296 ③ 长 zhǎng　　　　　동 자라다. 생기다.

玉米长得很不错。 옥수수는 매우 잘 자랐다.

2297 ⑤ 长辈 zhǎngbèi　　　명 손윗사람. 연장자.　　　L6

教育孩子要尊敬长辈。
아이에게 손윗사람을 존중해야 한다고 가르쳐야 한다.

2298 ⑤ 涨 zhǎng　　　　　동 (수위나 물가 등이) 오르다.

河水涨起来了。 강물이 차올랐다.

2299 ⑤ 掌握 zhǎngwò　　　동 파악하다. 숙달하다.

他掌握着很多重要信息。 그는 많은 중요한 정보를 파악하고 있다.

2300 ② 丈夫 zhàngfu　　　　명 남편.

我爱我的丈夫。 나는 내 남편을 사랑한다.

2301 ⑤ 账户 zhànghù　　　　명 계좌.

我去银行开一个账户。 나는 은행에 가서 계좌를 하나 개설했다.

2302 ⑤ 招待 zhāodài　　　　동 접대하다. 대접하다.

我一直在招待客人。 나는 줄곧 손님을 접대 중이다.

2303 ④ 招聘 zhāopìn　　　　동 모집하다.

我公司招聘新职员。 우리 회사는 새 직원을 모집한다.

2304 ⑤ 着火 zháohuǒ　　　　동 불나다. 불붙다.　　　N

山上着火了。 산에 불이 났다.

| 2305 | 3 | **着急** zháojí | 동 조급해하다. |

别**着急**，事情会解决的。 서두르지 마라, 일은 해결될 것이다.

| 2306 | 5 | **着凉** zháoliáng | 동 감기에 걸리다. |

穿上件衣服，小心**着凉**。 옷을 입고 감기에 걸리지 않게 조심해라.

| 2307 | 2 | **找** zhǎo | 동 찾다. |

他在**找**工作。 그는 일을 찾고 있다.

| 2308 | 5 | **召开** zhàokāi | 동 열다. 개최하다. |

明天**召开**全体会议。 내일 전체 회의를 연다.

| 2309 | 4 | **照** zhào | 동 비추다. (사진·영화를) 찍다. | **N** |

阳光**照**进房间来了。 햇빛이 방으로 비춰 들어왔다.

| 2310 | 5 | **照常** zhàocháng | 부 평소대로. 동 평소와 같다. |

明天**照常**工作。 내일은 평소와 같이 일한다.

| 2311 | 3 | **照顾** zhàogù | 동 돌보다. 간호하다. |

护士的工作是**照顾**病人。 간호사의 업무는 환자를 돌보는 것이다.

| 2312 | 3 | **照片** zhàopiàn | 명 사진. |

整天找到了几张**照片**。 온 종일 몇 장의 사진을 찾았다.

| 2313 | 3 | **照相机** zhàoxiàngjī | 명 사진기. 카메라. |

一架**照相机**摆bǎi在房间里。 사진기 한 대를 방안에 두었다.

2314 ⑤ **哲学** zhéxué 　　　명 철학.

他逐渐学会了生活中的哲学。 그는 점점 생활 속의 철학을 배웠다.

2315 ① **这** zhè 　　　대 이. 이것. 　　　ⓒ

这张照片不是我的。 이 사진은 내 것이 아니다.

2316 ② **着** zhe 　　　조 ~하고 있다.

他吃着饭呢。 그는 밥을 먹고 있다.

2317 ⑤ **针对** zhēnduì 　　　동 겨누다. 초점을 맞추다.

他这样做不是针对你，而是针对我。
그가 이렇게 하는 것은 너를 겨냥한 것이 아니라, 나를 겨냥한 것이다.

2318 ⑤ **珍惜** zhēnxī 　　　동 진귀하게 여겨 아끼다.

大家都很珍惜这个机会。 모두 이 기회를 소중히 여겨야 한다.

2319 ② **真** zhēn 　　　부 확실히. 진정으로.

你说的是真的吗？ 네가 말한 것이 진짜냐?

2320 ⑤ **真实** zhēnshí 　　　형 진실하다.

那是一个真实的故事。 그것은 진실한 이야기다.

2321 ④ **真正** zhēnzhèng 　　　형 진정한. 참된.

你说的不是失败的真正原因。
네가 말한 것은 실패의 진정한 원인이 아니다.

2322 ⑤ **诊断** zhěnduàn 　　　동 진단하다.

他被诊断出得了癌症。 그는 암에 걸렸다는 진단을 받았다.

2323	⑤	阵 zhèn	명 진영. 진지. 전장. 명 한동안. 일정한 시간. 양 바탕. 차례.

他很善于摆兵布阵。그는 병사를 배치하고 진영을 치는 것을 아주 잘한다.
我想休息一阵。나는 잠시 쉬고 싶다.
刚才刮了一阵风。방금 바람이 한 차례 불었다.

2324	⑤	振动 zhèndòng	동 진동하다.

地面一直在振动。바닥이 계속 진동하고 있다.

2325	⑤	争论 zhēnglùn	동 변론하다. 쟁론하다. 논쟁하다.

大家争论一阵后，离开了会议室。
모두 한 차례 논쟁 후 회의실을 떠났다.

2326	⑤	争取 zhēngqǔ	동 ~하려고 힘쓰다.

我争取明天下午到。나는 내일 오후에 도착하려고 노력한다.

2327	⑤	征求 zhēngqiú	동 (서면이나 구두로 의견이나 허락 등을) 널리 구하다. 모집하다.

去征求一下你父亲的意见。당신 부친의 의견을 좀 알아보세요.

2328	⑤	睁 zhēng	동 (눈을) 뜨다.

你现在可以睁开眼睛了。당신은 이제 눈을 뜨셔도 됩니다.

2329	⑤	整个 zhěnggè	형 모든 것.

他没有告诉我整个事情的经过。
그는 일의 모든 과정을 내게 알려주지 않았다.

2330	④	整理 zhěnglǐ	동 정리하다.

整理一下行李，明天出发。 짐을 좀 정리하고, 내일 출발합시다.

| 2331 | 5 | **整齐** zhěngqí | 형 가지런하다. 단정하다. | **L4** |

他的床很整齐。 그의 침대는 가지런하다.

| 2332 | 5 | **整体** zhěngtǐ | 명 전체. 총체. |

这个方案整体不错，个别细节需要修改。
이 방안은 전체적으로 좋으나, 개별적으로 세부사항은 수정이 필요하다.

| 2333 | 5 | **正** zhèng | 형 바르다.
부 마침. |

教室墙上那个表挂得不正。 교실 벽의 그 시계는 비뚤게 걸려있다.
我正想去找你呢。 나는 마침 너를 찾아가려고 했어.

| 2334 | 4 | **正常** zhèngcháng | 형 정상적인. |

今年的天气有点儿不正常。 오늘 날씨는 조금 비정상이다.

| 2335 | 4 | **正好** zhènghǎo | 부 마침. 딱. |

我正好要去首尔。 나는 마침 서울에 가려고 한다.

| 2336 | 4 | **正确** zhèngquè | 형 정확하다. 올바르다. |

他的回答是正确的。 그의 대답은 정확하다.

| 2337 | 4 | **正式** zhèngshì | 형 정식의. |

他们还没有正式结婚。 그들은 아직 정식으로 결혼하지 않았다.

| 2338 | 2 | **正在** zhèngzài | 부 지금 ~하고 있다. |

他正在工作。 그는 지금 일하고 있다.

Z

2339 5 **证件** zhèngjiàn　　 명 증거 서류.

我的证件都丢了。 나의 증거 서류를 모두 잃어버렸다.

2340 5 **证据** zhèngjù　　 명 증거.

我还没有找到证据。 나는 아직 증거를 찾지 못했다.

2341 4 **证明** zhèngmíng　　 동 증명하다.
　　　　　　　　　　　　　 명 증명서.

没有人能证明你当时不在。
네가 당시에 없었다는 것을 증명할 사람이 없다.

这是我的毕业证明。 이것은 나의 졸업 증명서이다.

2342 5 **政府** zhèngfǔ　　 명 정부.

政府应该是为公民服务的机构。
정부는 반드시 국민의 서비스를 위한 기구여야 한다.

2343 5 **政治** zhèngzhì　　 명 정치.

我对政治不感兴趣。 나는 정치에 관심 없다.

2344 5 **挣** zhèng　　 동 (돈 · 재산 등을) 벌다. **C**

去年他挣了很多钱。 작년에 그는 많은 돈을 벌었다.

2345 4 **之** zhī　　 대 이. 그. 이것. 그것.
　　　　　　　　　　 조 ~의.

你可以称之为南瓜。 너는 그것을 호박이라 불러도 된다.

他是一国之主。 그는 한 나라의 왕이다.

2346 5 **支** zhī　　 양 자루.

当时穷得连一支铅笔都买不起。
그 당시에는 가난해서 연필 한 자루도 사지 못했다.

2347 **4** **支持** zhīchí 圖 지지하다.

父母都支持我去留学。 부모님께서는 내가 유학 가는 것을 지지하신다.

2348 **5** **支票** zhīpiào 圖 수표.

爸爸给了我一张支票。 아빠는 내게 수표 한 장을 주셨다.

2349 **3** **只** zhī 圖 마리. **L4**

儿子养了一只小白兔。 아들은 작고 하얀 토끼 한 마리를 길렀다.

2350 **2** **知道** zhīdào 圖 알다. 이해하다.

我知道他的名字。 나는 그의 이름을 안다.

2351 **4** **知识** zhīshi 圖 지식.

没有知识就没有力量。 지식이 없으면 능력도 없다.

2352 **5** **执照** zhízhào 圖 면허증. 인가증. 허가증.

你有没有驾驶jiàshǐ执照? 너는 운전면허증이 있니?

2353 **5** **直** zhí 圖 곧다.

那条路很直。 그 길은 곧다.

2354 **4** **直接** zhíjiē 圖 직접적인.

我没有直接告诉他。 나는 그에게 직접적으로 말하지 않았다.

| 2355 | 4 | 值得 zhídé | 동 ~할 만한 가치가 있다. |

那部电影很值得去看。 그 영화는 볼 만한 가치가 있다.

| 2356 | 4 | 职业 zhíyè | 명 직업. |

教师是很光荣的职业。 선생님은 명예로운 직업이다.

| 2357 | 4 | 植物 zhíwù | 명 식물. |

地球上有很多种植物。 지구 상에는 많은 식물이 있다.

| 2358 | 3 | 只 zhǐ | 부 단지. 다만. |

我只记得他的名字。 나는 단지 그의 이름만 기억한다.

| 2359 | 4 | 只好 zhǐhǎo | 부 부득이. 부득불. |

下雨了，我们只好待在家里。
비가 내려서 우리는 부득이 집에서 머물러야 한다.

| 2360 | 4 | 只要 zhǐyào | 접 ~하기만 하면. |

你只要过去告诉他一下就可以了。
네가 가서 그에게 알려주기만 하면 된다.

| 2361 | 3 | 只有…才… zhǐyǒu … cái … | 접 ~해야만 ~이다. | **C** |

只有努力学习才可以考上大学。
열심히 공부해야만 대학에 합격할 수 있다.

| 2362 | 4 | 指 zhǐ | 명 손가락.
동 가리키다. |

他少了一根手指。 그는 손가락 하나가 없다.

他指着一把椅子让我坐下。
그는 의자 하나를 가리키며 나를 앉으라고 했다.

2363 ⑤ **指导** zhǐdǎo　　　　동 지도하다.

他是我的指导教授。 그는 제 지도 교수입니다.

2364 ⑤ **指挥** zhǐhuī　　　　동 지휘하다.

这次行动由他指挥。 이번 행동은 그가 지휘한 것이다.

2365 ⑤ **至今** zhìjīn　　　　부 지금까지.

我至今还不知道他的名字。 나는 지금까지도 그의 이름을 모른다.

2366 ④ **至少** zhìshǎo　　　　부 적어도. 최소한.

至少有三个人见过他。 적어도 세 사람이 그를 본 적이 있다.

2367 ⑤ **至于** zhìyú

동 ~의 정도에 이르다.
전 ~에 관해서는. ~으로 말하면.

还不至于全家人都去。 아직 모든 가족이 다 갈 정도는 아니다.

至于工资，他从来没有提过。
월급에 관해서, 그는 여태껏 언급한 적이 없다.

2368 ⑤ **志愿者** zhìyuànzhě　　　　명 지원자.

那个社团在招聘志愿者。 그 회사는 지원자를 모집하고 있다.

2369 ⑤ **制定** zhìdìng　　　　동 제정하다.

国会制定了新的方案。 국회는 새로운 방안을 제정했다.

| 2370 | 5 | 制度 zhìdù | 명 제도. |

职员应该遵守公司的规章制度。
직원은 회사의 규정과 제도를 준수해야 한다.

| 2371 | 5 | 制造 zhìzào | 동 제조하다. 만들다. | L4 |

很多东西都是中国制造的。 많은 물건이 모두 중국에서 제조한 것이다.

| 2372 | 5 | 制作 zhìzuò | 동 만들다. 제작하다. |

他给孩子制作了一个玩具。
그는 아이에게 장난감을 하나 만들어 주었다.

| 2373 | 4 | 质量 zhìliàng | 명 품질. |

这件衣服的质量不错。 이 옷의 품질은 좋다.

| 2374 | 5 | 治疗 zhìliáo | 동 치료하다. |

病人从今天开始接受治疗。 환자는 오늘부터 치료를 받기 시작한다.

| 2375 | 5 | 秩序 zhìxù | 명 질서. |

警察们在维持秩序。 경찰은 질서를 유지하고 있다.

| 2376 | 5 | 智慧 zhìhuì | 명 지혜. |

人类的智慧很无穷的。 인류의 지혜는 무궁하다.

| 2377 | 1 | 中国 Zhōngguó | 명 중국. |

我喜欢中国。 나는 중국을 좋아한다.

| 2378 | 3 | 中间 zhōngjiān | 명 중간. 가운데. |

她家和我家中间有一个邮局。
그녀 집과 우리 집 중간에 우체국이 있다.

2379 ⑤ 中介 zhōngjiè　　　囘 매개.

通过房屋中介找到了房子。부동산 중개를 통해 집을 구했다.

2380 ③ 中文 Zhōngwén　　　囘 중국어.　　　**L4**

他学习中文。그는 중국어를 공부한다.

2381 ① 中午 zhōngwǔ　　　囘 정오.

明天中午一起吃饭吧。내일 정오에 같이 식사하자.

2382 ⑤ 中心 zhōngxīn　　　囘 한가운데. 중심.

首尔的中心是哪里呢? 서울의 중심은 어디입니까?

2383 ⑤ 中旬 zhōngxún　　　囘 중순.

下个月中旬我会去韩国。다음 달 중순에 나는 한국에 갈 것이다.

2384 ③ 终于 zhōngyú　　　囝 마침내. 결국.

你终于来了。네가 마침내 왔구나.

2385 ③ 种 zhǒng　　　양 종류.

这种玉米很好吃。이런 종류의 옥수수는 맛있다.

2386 ⑤ 种类 zhǒnglèi　　　囘 종류.　　　**C**

鸟有很多种类。새는 많은 종류가 있다.

| 2387 | 4 | 重 zhòng | 혱 무겁다. | L5 |

孩子的书包很重。 아이의 책가방은 무겁다.

| 2388 | 5 | 重大 zhòngdà | 혱 중대하다. 무겁고 크다. | N |

这真是个重大的变化。 이것은 정말로 중대한 변화이다.

| 2389 | 4 | 重点 zhòngdiǎn | 몡 중점. |

他没有抓住问题的重点。 그는 문제의 중점을 파악하지 못했다.

| 2390 | 5 | 重量 zhòngliàng | 몡 무게. 중량. |

这个东西按重量销售。 이 물건은 무게에 따라 판매한다.

| 2391 | 4 | 重视 zhòngshì | 됭 중시하다. |

上面很重视这件事儿。 윗선에서 이 일을 매우 중시한다.

| 2392 | 3 | 重要 zhòngyào | 혱 중요하다. |

明天的会议很重要。 내일 회의는 아주 중요하다.

| 2393 | 5 | 周到 zhōudào | 혱 세심하다. 꼼꼼하다. |

你想得真周到。 너는 생각하는 것이 참 세심하구나.

| 2394 | 3 | 周末 zhōumò | 몡 주말. |

这个周末你有时间吗？ 너 이번 주말에 시간 있어?

| 2395 | 4 | 周围 zhōuwéi | 몡 주위. 주변. |

我家周围有很多竹子。 우리 집 주변에 대나무가 많다.

2396 ⑤ 猪 zhū　　　　　　　　　　명 돼지.　　　　　　　L4

我养了一头猪。 돼지 한 마리를 길렀다.

2397 ⑤ 竹子 zhúzi　　　　　　　　명 대나무.

我很喜欢竹子。 나는 대나무를 아주 좋아한다.

2398 ⑤ 逐步 zhúbù　　　　　　　　부 점차. 한 걸음 한 걸음.

逐步提高知识分子待遇了。 지식인의 대우가 점점 향상됐다.

2399 ⑤ 逐渐 zhújiàn　　　　　　　부 점점.　　　　　　　　L4

星星逐渐从夜空中消失了。 별은 점점 밤하늘에서 사라졌다.

2400 ⑤ 主持 zhǔchí　　　　　　　동 주최하다.

这次会议由老板亲自主持。 이번 회의는 사장님이 직접 주최하신다.

2401 ⑤ 主动 zhǔdòng　　　　　　형 주동적인.　　　　　　L4

我每次有困难他都会主动帮忙。
내게 매번 어려움이 있을 때마다, 그가 주동적으로 도와준다.

2402 ⑤ 主观 zhǔguān　　　　　　　형 주관적이다.

这是你的主观判断。 이것은 너의 주관적인 판단이다.

2403 ⑤ 主人 zhǔrén　　　　　　　명 주인.

那是一只没有主人的狗。 저것은 주인 없는 개이다.

2404 ⑤ 主任 zhǔrèn　　　　　　　명 주임.　　　　　　　　C

部门主任很年轻。 부서의 주임은 젊다.

Z

2405 ⑤ **主题** zhǔtí　　　　　명 주제.

这次会议的**主题**是什么? 이번 회의의 주제는 무엇입니까?

2406 ⑤ **主席** zhǔxí　　　　　명 주석. 위원장.

选一个人来当**主席**了。한 사람을 뽑아 주석을 맡게 했다.

2407 ③ **主要** zhǔyào　　　　　형 주요한. 주된.

这些都不是**主要**问题。이것들은 모두 주된 문제가 아니다.

2408 ④ **主意** zhǔyi　　　　　명 방법. 생각.

你有没有好**主意**? 너는 무슨 좋은 생각이 있니?

2409 ⑤ **主张** zhǔzhāng　　　　　동 주장하다.
　　　　　　　　　　　　　　명 주장. 견해. 의견.

我**主张**人人平等。나는 사람은 모두 평등하다고 주장한다.
这是他的**主张**，不是我的。이것은 그의 주장이지, 내 주장이 아니다.

2410 ⑤ **煮** zhǔ　　　　　동 삶다. 끓이다.

把这些玉米**煮**一下。이 옥수수를 좀 삶아라.

2411 ① **住** zhù　　　　　동 거주하다. 숙박하다. 머무르다.

我**住**在首尔。나는 서울에 산다.

2412 ⑤ **注册** zhùcè　　　　　동 등록하다. 등기하다.

不需要**注册**就可以下载。
등록하지 않고도 바로 다운로드 받을 수 있다.

2413 ③ **注意** zhùyì　　　　图 주의하다. 조심하다.

学习汉语要特别**注意**声调。
중국어 공부는 특히 성조에 주의해야 한다.

2414 ⑤ **祝福** zhùfú　　　　图 축복하다. 축원하다.

祝福大家身体健康。 모두 건강하기를 기원합니다.

2415 ④ **祝贺** zhùhè　　　　图 축하하다. 경하하다.

祝贺你考上大学。 대학 합격을 축하해.

2416 ④ **著名** zhùmíng　　　　图 유명하다. 저명하다.

我认识一位**著名**演员。 나는 유명한 연기자 한 분을 안다.

2417 ⑤ **抓** zhuā　　　　图 붙잡다. 꽉 쥐다.　　　　Ⓝ

他一把**抓**住了我的胳膊。 그는 한 손으로 내 팔을 잡았다.

2418 ⑤ **抓紧** zhuājǐn　　　　图 꽉 쥐다. 단단히 잡다.

他**抓紧**时间，努力学习。 그는 시간을 아껴 열심히 공부한다.

2419 ⑤ **专家** zhuānjiā　　　　图 전문가.

老师请来了几位**专家**。 선생님이 몇 분의 전문가를 모셔왔다.

2420 ④ **专门** zhuānmén　　　　图 일부러. 특별히.

我是**专门**来看你的。 나는 일부러 너를 보러 왔다.

2421 ⑤ **专心** zhuānxīn　　　　图 전심전력하다.

学生们都在**专心**听讲。 학생들이 모두 전심전력으로 강의를 듣고 있다.

2422 ④ **专业** zhuānyè 　　　　몡 전공. 전문.
　　　　　　　　　　　　　　　형 전문의.

你学什么**专业**? 너는 무슨 전공을 배워?
他的动作很**专业**。그의 동작은 전문적이다.

2423 ④ **转** zhuǎn 　　　　　동 (몸 따위를) 돌다. (방향·위치·상황 등
　　　　　　　　　　　　　　　이) 바뀌다. 바꾸다. ⓝ

把盘子**转**一下。접시를 돌리세요.

2424 ⑤ **转变** zhuǎnbiàn 　　　　동 바뀌다.

几天不见，孩子发生了很大**转变**。
며칠 못 본 사이에 아이에게 많은 변화가 생겼다.

2425 ⑤ **转告** zhuǎngào 　　　　동 전달하다. 전언하다.

老师让我**转告**你们，今天不上体育课。
오늘 체육 수업을 하지 않는다고 선생님께서 나더러 너희에게 전해달라셔.

2426 ④ **赚** zhuàn 　　　　　동 벌다.

一个月**赚**多少钱? 한 달에 돈을 얼마나 버니?

2427 ⑤ **装** zhuāng 　　　　　동 싣다. 포장하다.

他把钱**装**进口袋里。그는 돈을 주머니에 넣었다.

2428 ⑤ **装饰** zhuāngshì 　　　　몡 장식품.
　　　　　　　　　　　　　　　동 장식하다.

桌子上放了很多**装饰**。책상에 많은 장식품이 놓여있다.
他的房间**装饰**得很漂亮。그의 방은 매우 아름답게 장식되어 있다.

2429 ⑤ **装修** zhuāngxiū 　　　　동 장식하고 꾸미다.
　　　　　　　　　　　　　　　몡 장식. ⓝ

我打算今年装修房子。나는 올해 집을 인테리어 하려고 한다.

那个房子的装修很讲究。저 집은 장식에 신경을 많이 썼다.

2430 5 **状况 zhuàngkuàng** 명 상황. 형편. 상태.

爸爸的身体状况不太好。아버지의 건강상태가 그다지 좋지 않다.

2431 5 **状态 zhuàngtài** 명 상태.

今天的精神状态很好。오늘 정신 상태는 좋다.

2432 5 **撞 zhuàng** 동 부딪치다. `L4`

两辆车撞在了一起。두 차량이 같이 부딪쳤다.

2433 5 **追 zhuī** 동 뒤쫓다. 뒤따르다. 따라잡다.
동 구애하다. `N`

快追上前面的那辆车。앞의 저 차량을 빨리 쫓아라.

我追了她三年，她才答应。
내가 그녀에게 3년을 구애하고서야, 그녀가 허락했다.

2434 5 **追求 zhuīqiú** 동 추구하다. 탐구하다.

每个人都有追求幸福的权利。
모든 사람은 다 행복을 추구할 권리가 있다.

2435 2 **准备 zhǔnbèi** 동 ~하려고 하다. 준비하다.

我准备去中国留学。나는 중국으로 유학 갈 생각이다.

2436 4 **准确 zhǔnquè** 형 정확하다. 확실하다.

计算得很准确。계산이 매우 정확하다.

Z

2437 4 **准时** zhǔnshí 부 정시에.

明天早上八点**准时**出发。내일 아침 여덟 시 정시에 출발한다.

2438 1 **桌子** zhuōzi 명 탁자. 테이블.

一张**桌子**配把椅子。탁자 한 개에 의자를 배치했다.

2439 5 **咨询** zīxún 동 자문하다. 상의하다.

有什么问题可以去找老师**咨询**。
무슨 문제가 있으면 선생님을 찾아가 자문하면 된다.

2440 5 **姿势** zīshì 명 자세. 모양.

运动员的**姿势**很优美。운동선수의 자세는 아름답다.

2441 5 **资格** zīgé 명 자격.

你没有**资格**这么批评他。너는 이렇게 그를 비평할 자격이 없다.

2442 5 **资金** zījīn 명 자금.

资金严重紧张。자금이 심각하게 부족하다.

2443 5 **资料** zīliào 명 자료.

写论文要准备很多**资料**。논문을 쓰려면 많은 자료를 준비해야 한다.

2444 5 **资源** zīyuán 명 자원.

要注意节约**资源**。자원 절약에 신경 써야 한다.

2445 4 **仔细** zǐxì 형 세심하다. 꼼꼼하다.

他看得很**仔细**。그는 매우 세심하게 본다.

2446 ⑤ 紫 zǐ   혱 자색의. 자주빛의.

紫葡萄是很好的补血水果。
자색 포도는 보혈에 좋은 과일이다.

2447 ⑤ 自从 zìcóng   젠 ~부터. ~에서.

自从来了韩国，还没有去过景福宫。
한국에 온 이후로 아직 경복궁에 가보지 못했다.

2448 ⑤ 自动 zìdòng   혱 자동으로. 자발적인.

那个门是自动门。 저 문은 자동문이다.

2449 ⑤ 自豪 zìháo   혱 자랑스럽다. 스스로 긍지를 느끼다.

我们得了第一，我很自豪。 우리가 일등을 해서, 나는 자랑스럽다.

2450 ③ 自己 zìjǐ   데 자기. 자신.

我自己去吧。 제가 알아서 갈게요.

2451 ⑤ 自觉 zìjué   동 자각하다. 스스로 느끼다.
                                      혱 자각적이다.

我自觉自己一个人完成不了。
나는 나 혼자서 완성할 수 없다고 생각한다.

学生们很自觉。 학생들은 자각적이다.

2452 ④ 自然 zìrán   명 자연.
                                      혱 천연의. 자연의.

我们一起去亲近自然。 우리 같이 자연에 다가갑시다.
他的动作很自然。 그의 동작은 매우 자연스럽다.

Z

2453 ⑤ **自私 zìsī** 　　　　형 이기적이다.

他很自私。그는 이기적이다.

2454 ④ **自信 zìxìn** 　　　　동 자신하다.
　　　　　　　　　　　　　명 자신감.
　　　　　　　　　　　　　형 자신만만하다. **L5**

他自信能把它做好。그는 그것을 잘하리라 자신한다.
你认为我有自信吗？너는 내가 자신감이 있다고 생각하니?
我是一个自信的女孩儿! 나는 자신만만한 여자야!

2455 ③ **自行车 zìxíngchē** 　　명 자전거. **L2**

你会骑自行车吗？너 자전거 탈 줄 알아?

2456 ⑤ **自由 zìyóu** 　　　　형 자유롭다.
　　　　　　　　　　　　　명 자유.

我要过自由的生活。나는 자유로운 생활을 보내려고 한다.
我渴望自由。나는 자유를 갈망한다.

2457 ⑤ **自愿 zìyuàn** 　　　　동 자원하다.

我这样做是自愿的。내가 이렇게 하는 것은 자원한 것이다.

2458 ① **字 zì** 　　　　　　명 문자. 글자.

我不认识字。나는 글자를 모른다.

2459 ⑤ **字母 zìmǔ** 　　　　명 자모. **L6**

韩文一共有几个字母呢？
한국어는 모두 합쳐 몇 개의 자모가 있습니까?

2460 ⑤ **字幕 zìmù** 〔명〕자막.

中国的电视剧都有字幕。중국 연속극에는 모두 자막이 있다.

2461 ⑤ **综合 zōnghé** 〔동〕종합하다.

这是一道综合练习题。이것은 종합 연습문제이다.

2462 ⑤ **总裁 zǒngcái** 〔명〕총재.

公司总裁去日本出差了。회사 총재는 일본으로 출장 갔다.

2463 ⑤ **总共 zǒnggòng** 〔부〕합쳐서. 모두. 전부.

总共有二十四个学生。모두 합쳐서 24명의 학생이 있다.

2464 ④ **总结 zǒngjié** 〔동〕총괄하다.
〔명〕총결산.

昨天总经理总结了全部情况。어제는 사장이 모든 상황을 총괄했다.
总经理在作总结。사장은 총결산 중이다.

2465 ⑤ **总理 zǒnglǐ** 〔명〕총리.

总理来学校视察了。총리께서 학교에 시찰을 오셨다.

2466 ③ **总是 zǒngshì** 〔부〕언제나. 늘.

他总是第一个到办公室。그는 언제나 일등으로 사무실에 온다.

2467 ⑤ **总算 zǒngsuàn** 〔부〕마침내. 드디어.

我总算找到你了。나는 마침내 너를 찾았다.

2468 ⑤ **总统 zǒngtǒng** 〔명〕대통령. 총통.

韩国总统是女的。한국 대통령은 여자이다.

总之 zǒngzhī　　　　　젭 요컨대. 총괄적으로 말하면.

总之，我们要主动，不要被动。
요컨대 우리는 주동적이어야 하지 피동적이어서는 안 된다.

2470 ② **走 zǒu**　　　　　동 걷다.

他向我**走**了过来。그는 나를 향해 걸어왔다.

2471 ④ **租 zū**　　　　　동 세내다. 임차하다.

我在公司附近**租**了一个房子。나는 회사 근처에 집을 임차했다.

2472 ⑤ **阻止 zǔzhǐ**　　　　　동 저지하다.

你能**阻止**他吗？네가 그를 막을 수 있어?

2473 ⑤ **组 zǔ**　　　　　명 팀. 조.
　　　　　　　　　　　　양 세트. 조.　　　**L6**

两个**组**都已经安全到达。두 팀 다 이미 안전하게 도착했다.
我需要一**组**照片。나는 사진 한 세트가 필요하다.

2474 ⑤ **组成 zǔchéng**　　　　　동 조직하다. 짜다. 조성하다.　　**L4**

十二名医生**组成**了一个医疗队。
12명의 의사가 의료팀 하나를 조직했다.

2475 ⑤ **组合 zǔhé**　　　　　명 조합.

这本书由诗、散文和小说**组合**而成。
이 책은 시, 산문, 소설의 조합으로 이루어져 있다.

2476 ⑤ **组织 zǔzhī**　　　　　동 조직하다.
　　　　　　　　　　　　명 조직.　　　**L4**

这次活动是由谁来**组织**的? 이번 활동은 누가 조직한 것이니?
政党其实是一种**组织**。 정당은 사실 일종의 조직이다.

2477 ③ **嘴** zuǐ   몡 입.   **L4**

请张开你的**嘴**。 당신의 입을 벌리세요.

2478 ② **最** zuì   閉 가장. 제일. 아주. 매우.

我**最**不想见到的人就是他。
내가 가장 보기 싫은 사람이 바로 그 사람이다.

2479 ⑤ **最初** zuìchū   몡 최초. 처음.

这不是我**最初**的想法。 이것은 내 최초의 생각이 아니다.

2480 ④ **最好** zuìhǎo   혱 가장 좋다.

你**最好**不要一个人出去。 가장 좋기는 너는 혼자서 나가지 않는 것이다.

2481 ③ **最后** zuìhòu   혱 최후의.   **L4**

他是**最后**一个进来的。 그가 최후에 들어왔다.

2482 ③ **最近** zuìjìn   몡 최근. 요즈음.

我**最近**很忙。 나는 최근에 바쁘다.

2483 ⑤ **醉** zuì   동 취하다.

他喝**醉**了。 그가 술에 취했다.

2484 ⑤ **尊敬** zūnjìng   동 존경하다.

学生们都很**尊敬**自己的老师。
학생들은 모두 자신의 선생님을 아주 존경한다.

Z

2485　④　**尊重** zūnzhòng　　　통 존중하다.

我尊重你的选择。 나는 네 선택을 존중한다.

2486　⑤　**遵守** zūnshǒu　　　통 준수하다. 지키다.

学生应该遵守学校的各种规定。
학생은 학교의 각종 규정을 지켜야 한다.

2487　①　**昨天** zuótiān　　　명 어제.

我昨天去过你家。 나는 어제 너의 집에 갔었다.

2488　②　**左边** zuǒbian　　　명 왼쪽. 왼편.

我家左边有一座电影院。 우리 집 왼쪽에 극장이 하나 있다.

2489　④　**左右** zuǒyòu　　　명 가량. 좌와 우. 주위. 곁.　　**L6**

他是一个三十岁左右的人。 그는 서른 살 정도의 사람이다.

2490　④　**作家** zuòjiā　　　명 작가.　　**N**

他是一位很有名的作家。 그는 유명한 작가이다.

2491　⑤　**作品** zuòpǐn　　　명 작품.

这是我的新作品，请看一下。 이것은 나의 새 작품이니, 좀 보세요.

2492　⑤　**作为** zuòwéi　　　통 ~로 여기다.

作为学生，应该努力学习。
학생으로서, 반드시 열심히 공부해야 한다.

2493　⑤　**作文** zuòwén　　　명 작문.

下节课是作文课。다음 수업은 작문 과목이다.

2494 **3** 作业 zuòyè 　　　　　　　　몡 숙제. 과제.

今天的作业很多。오늘은 숙제가 많다.

2495 **4** 作用 zuòyòng 　　　　　　 몡 효능. 작용. 역할. 효과. **L3**

这种药对他不起作用。이런 약은 그에게 효능이 나타나지 않는다.

2496 **4** 作者 zuòzhě 　　　　　　　　몡 저자. 필자.

我见过那本书的作者。나는 그 책의 저자를 본 적이 있다.

2497 **1** 坐 zuò 　　　　　　　　　　 동 앉다.

他坐在椅子上看书。그는 의자에 앉아서 책을 본다.

2498 **4** 座 zuò 　　　　　　　　　　 몡 좌석. 자리.
　　　　　　　　　　　　　　　　　 양 (산 · 건축물 등을 세는 데 쓰이는) 좌. 동.

教室里空五个座。교실에 다섯 자리가 빈다.
一座大山挡住了前进的道路。큰 산 하나가 앞의 길을 가로막고 있다.

2499 **4** 座位 zuòwèi 　　　　　　　　몡 좌석.

你坐前面的座位吧。너는 앞좌석에 앉아라.

2500 **1** 做 zuò 　　　　　　　　　　 동 하다.

我每天做作业。나는 매일 숙제를 한다.

Z

memo

memo

memo

memo